I0698353

Expresso gratidão a Deus por todas as bênçãos, Minha família é a essência da minha existência.
Amo vocês.

Talita Caires
2024

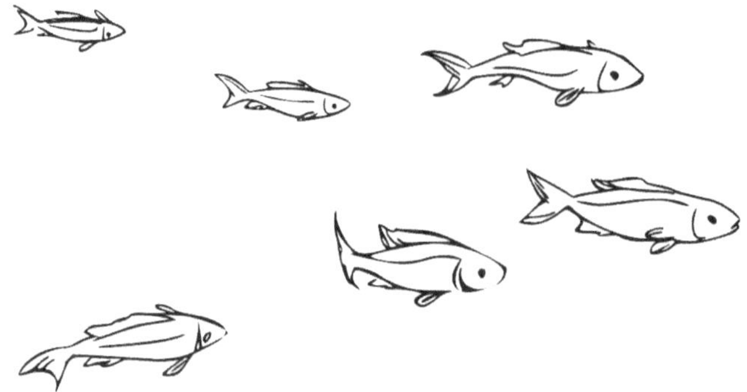

Este livro pertence a:

Talita Caires

TODOS OS DIREITOS RESERVADOS©
2024

Nenhuma parte desta publicação pode ser reproduzida, distribuída ou transmitida de qualquer forma ou por qualquer meio, incluindo fotocópia, gravação ou outros métodos eletrônicos ou mecânicos, sem a permissão prévia por escrito do editor, exceto breves citações incorporadas em resenhas críticas. E outros usos não comerciais específicos. Qualquer reprodução não autorizada desta obra é proibida.

Talita Caires

Página colorida de teste

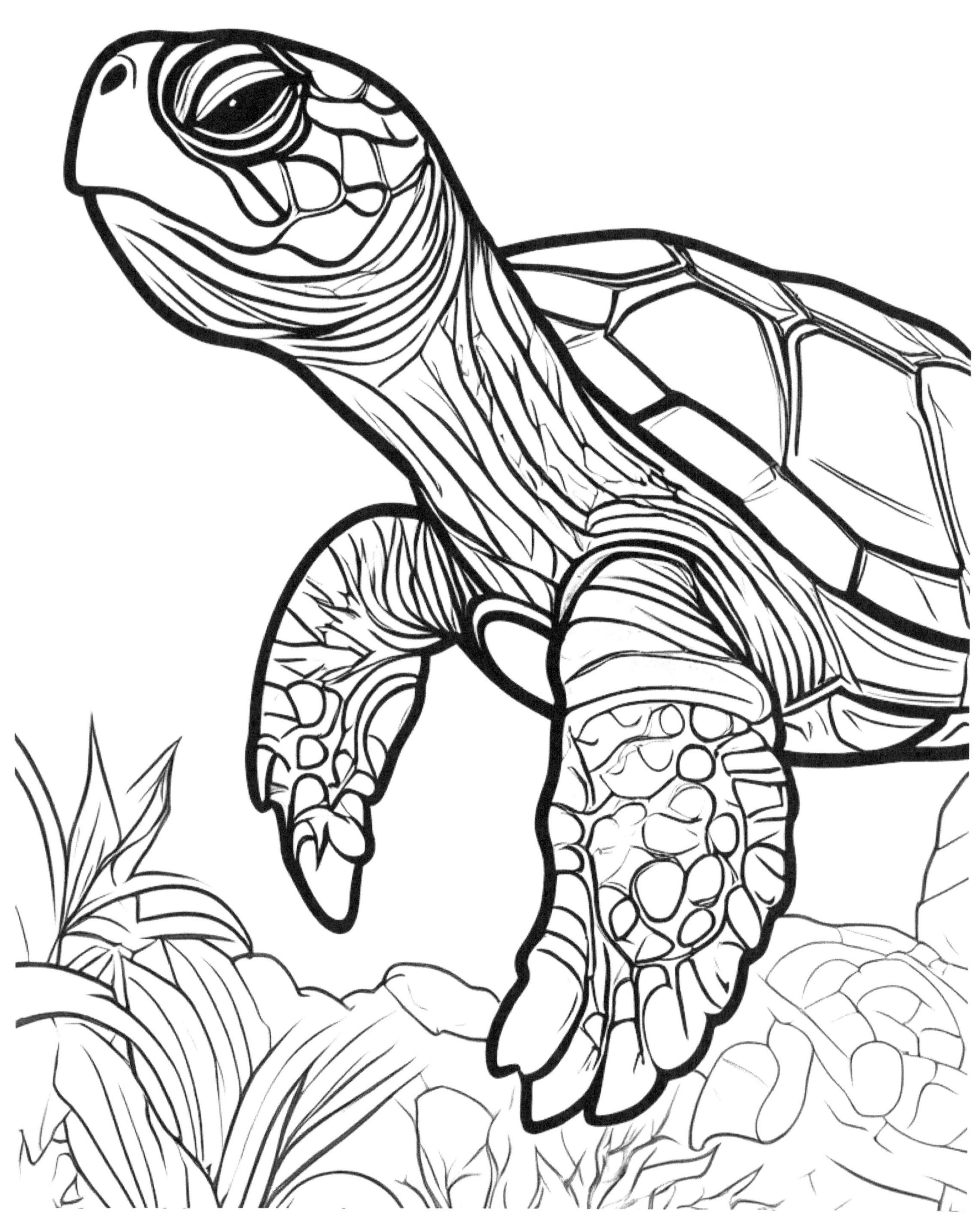

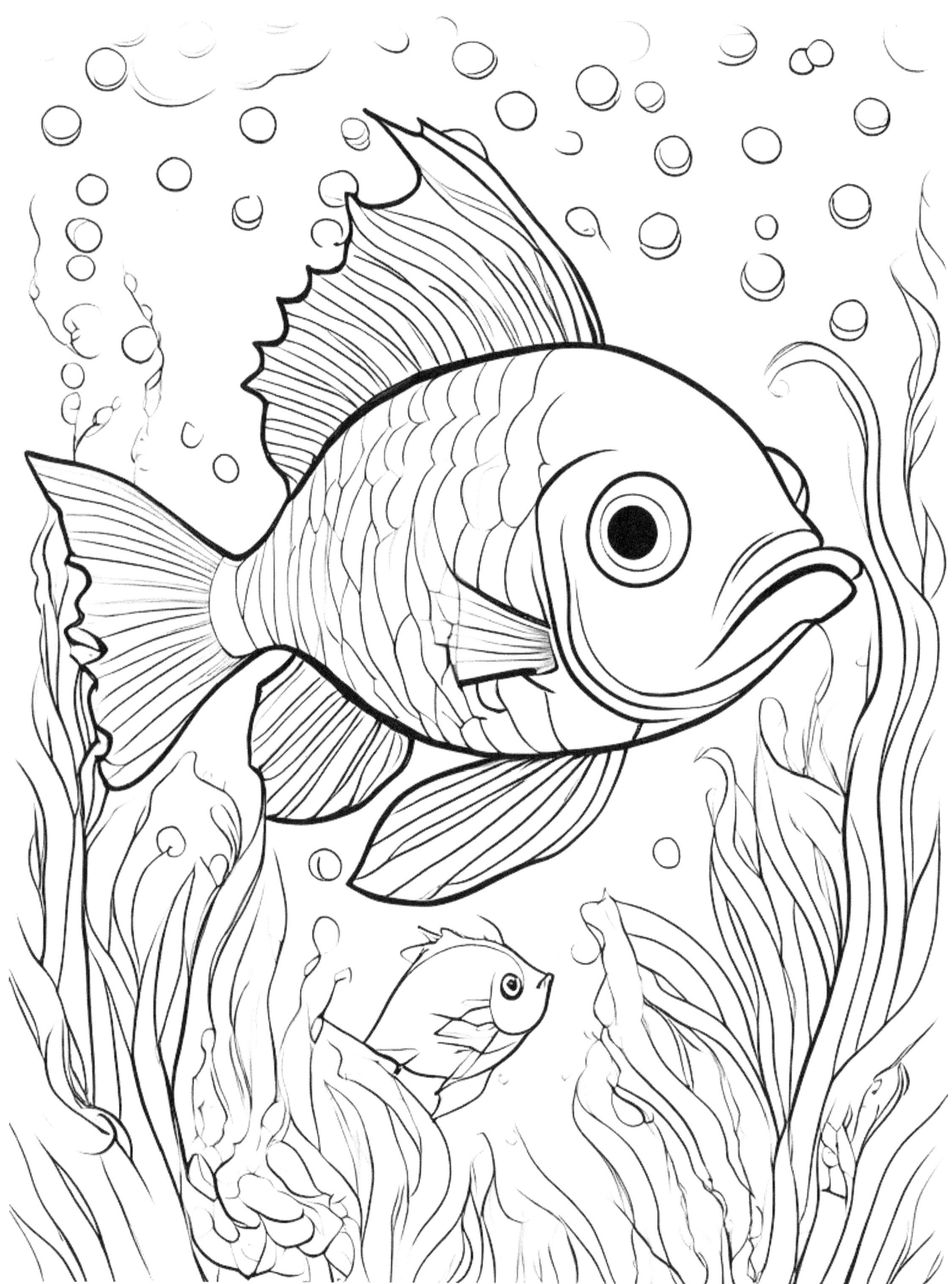

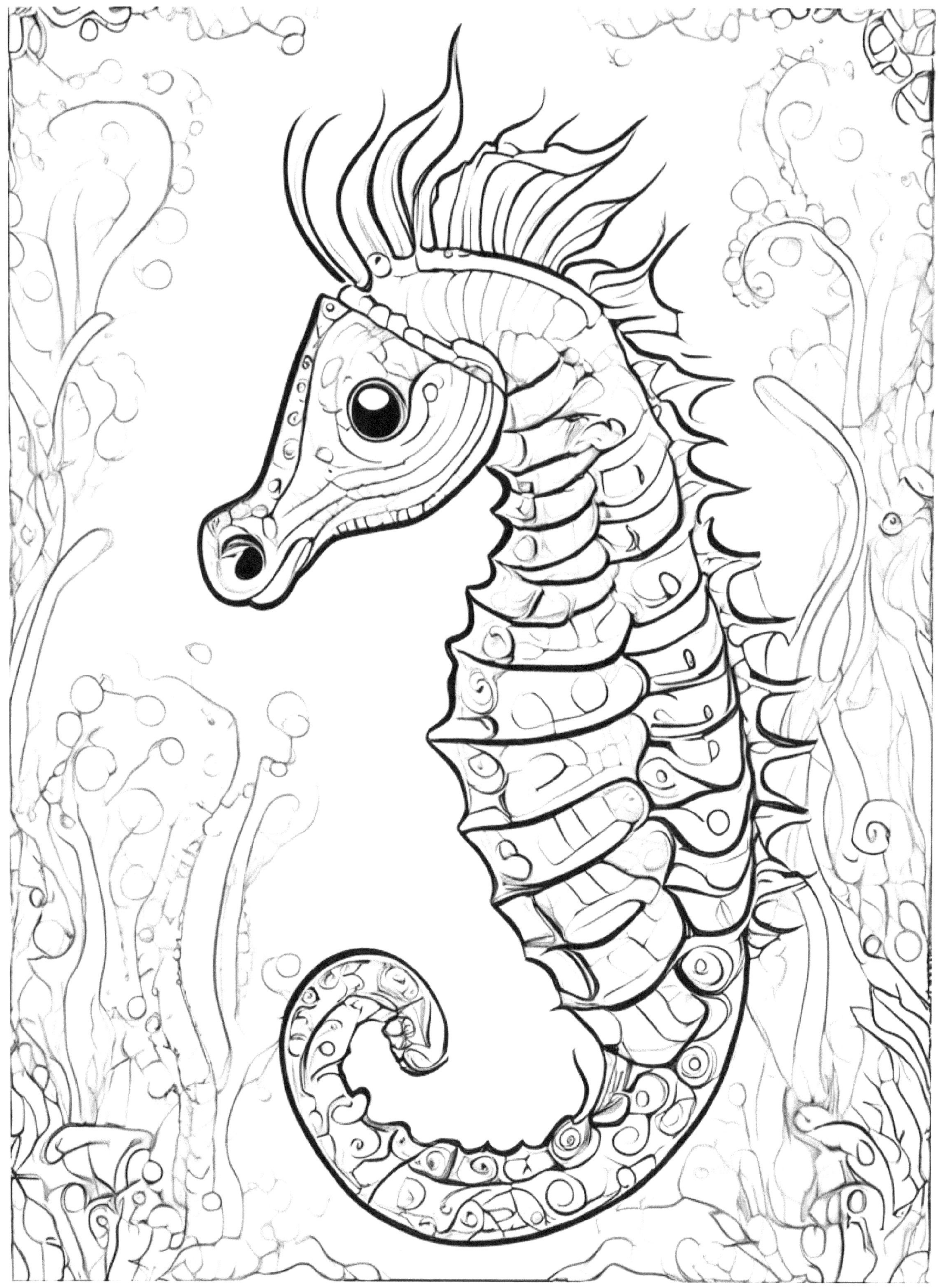

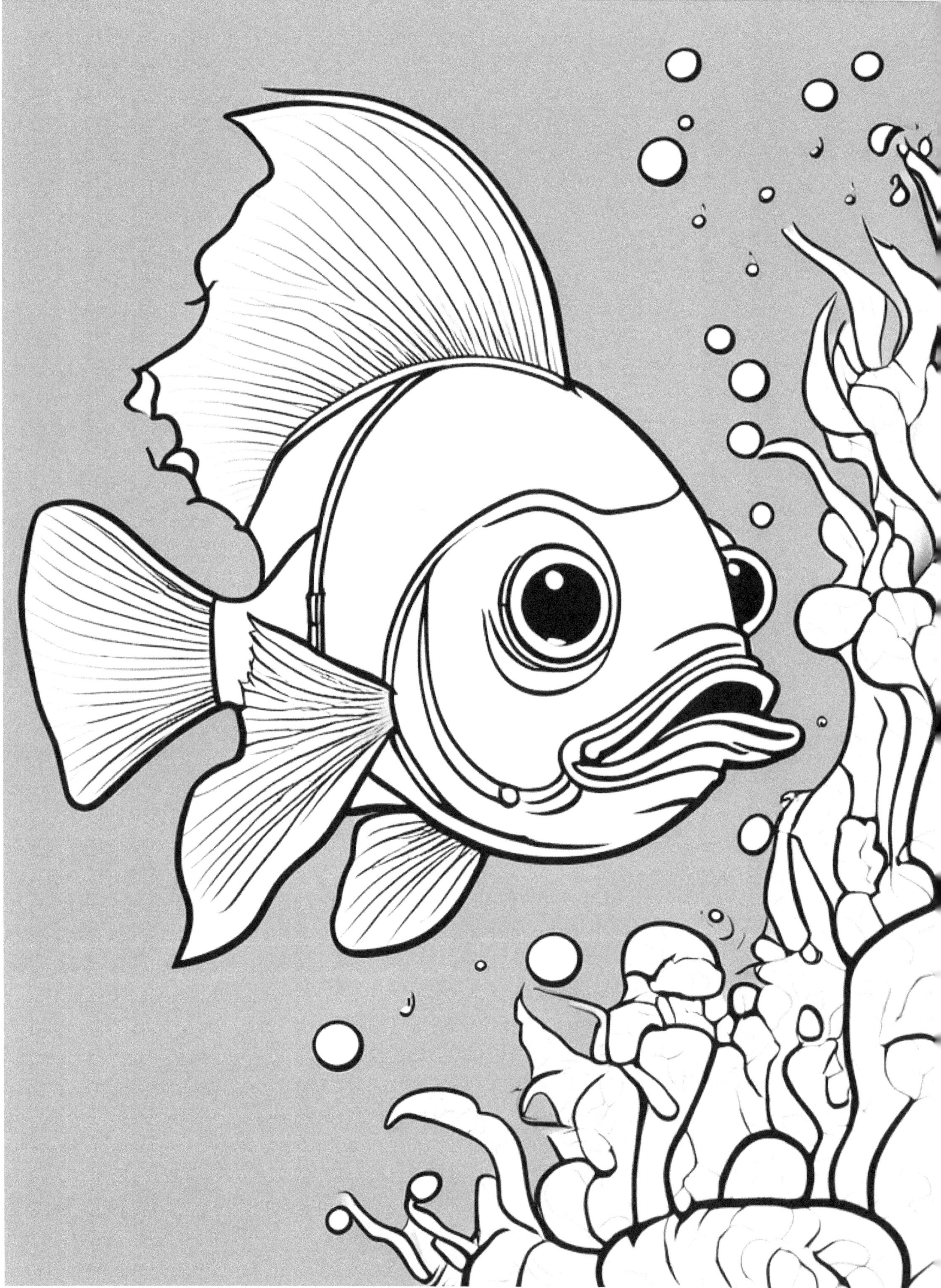

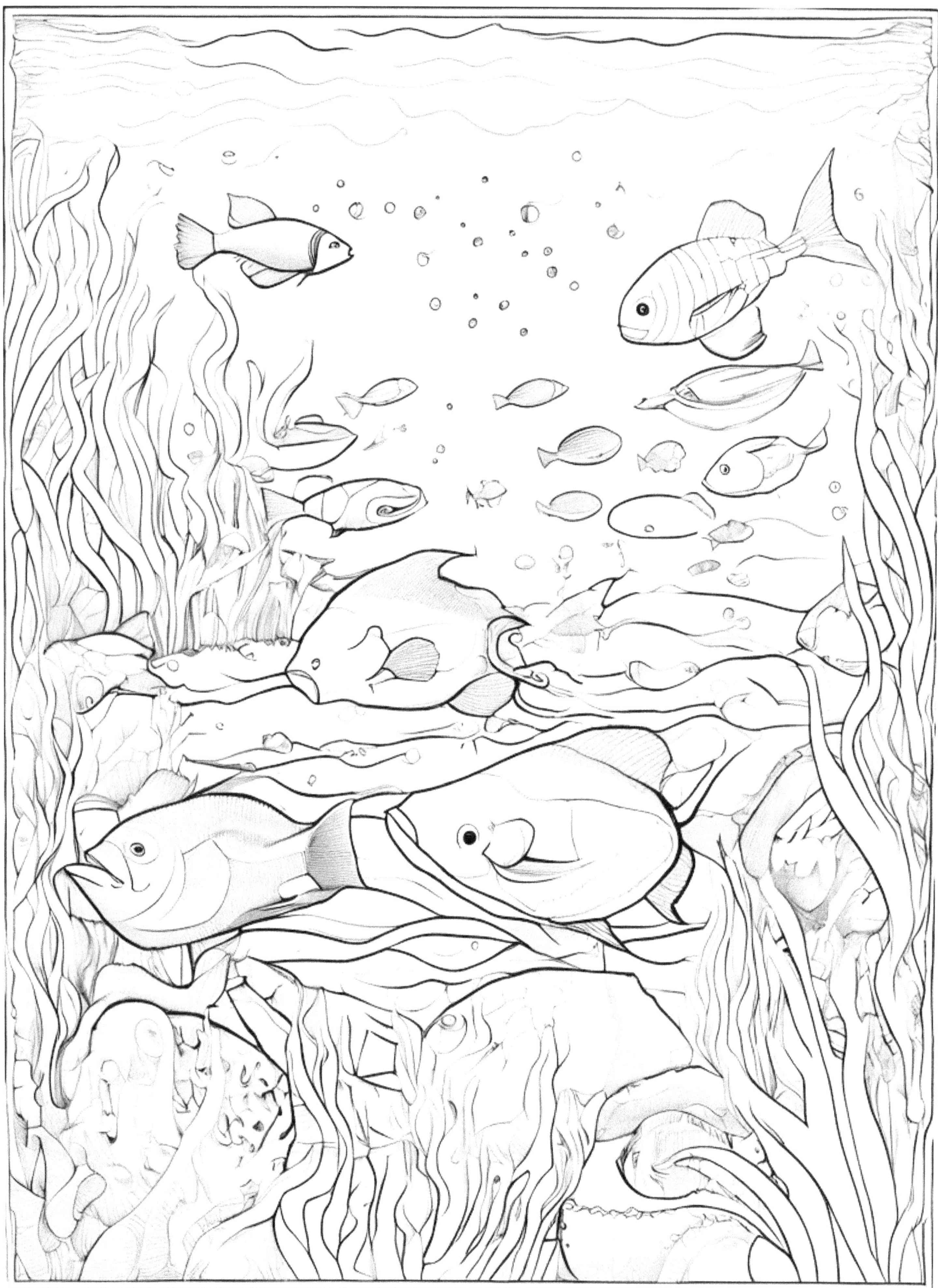

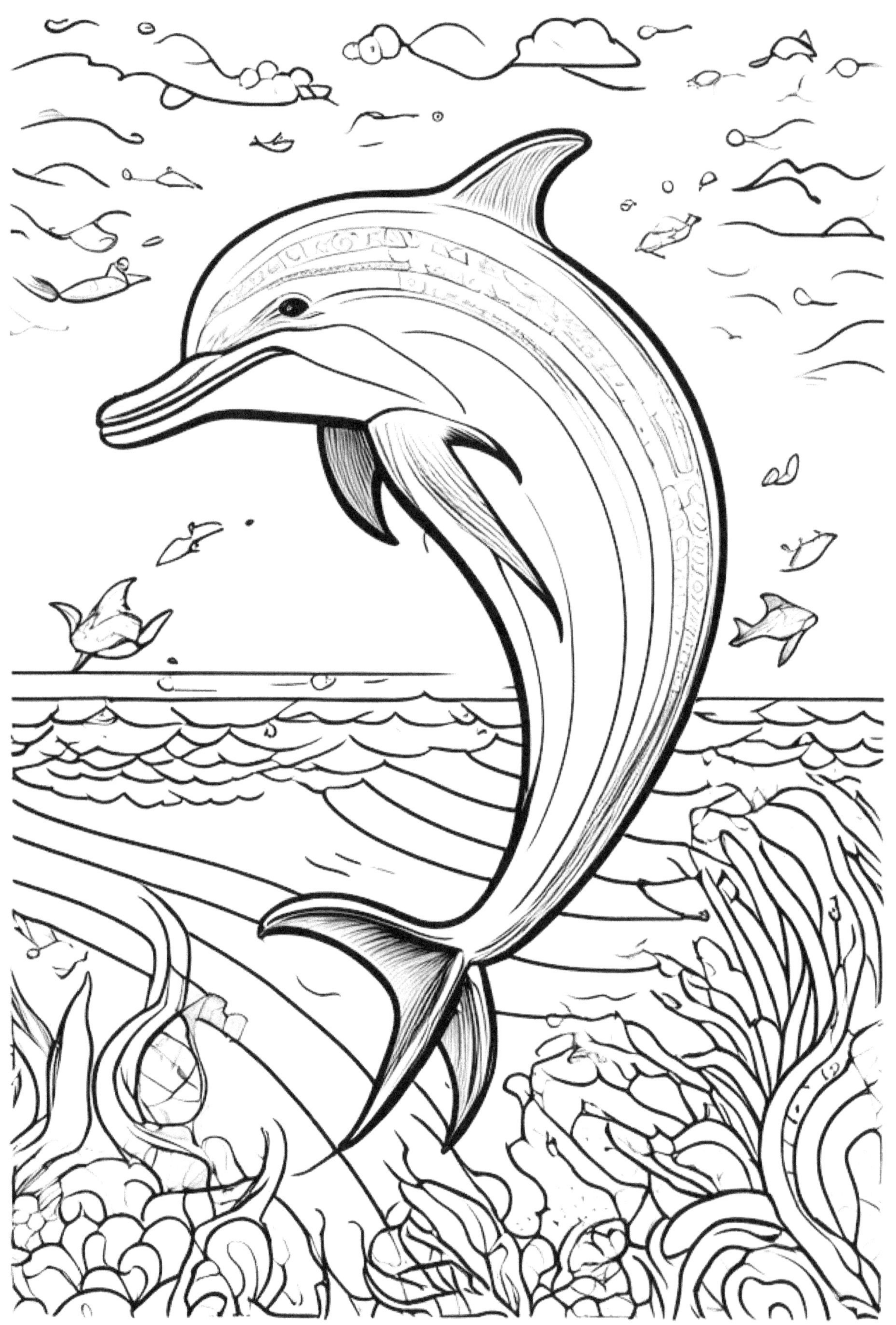

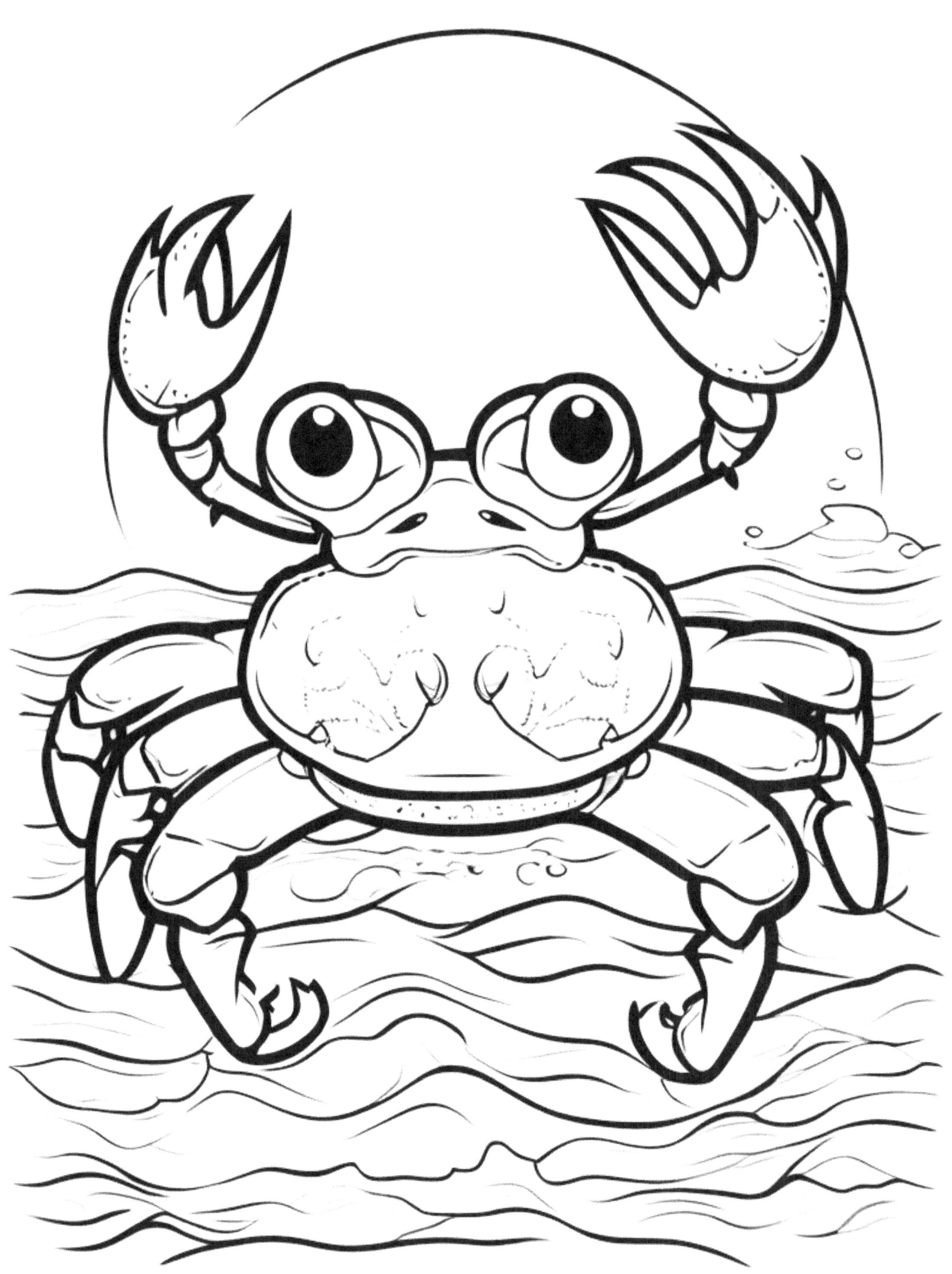

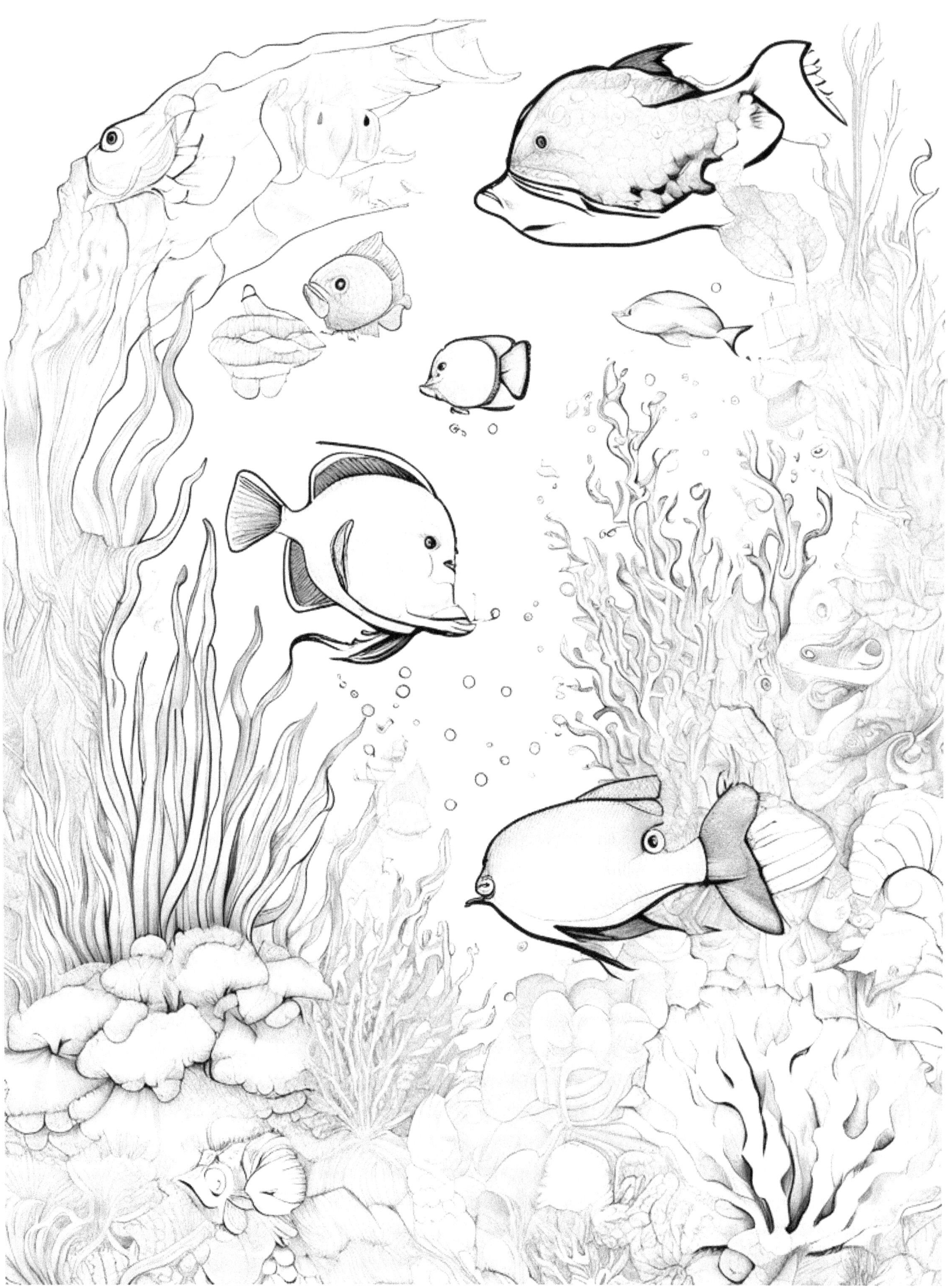

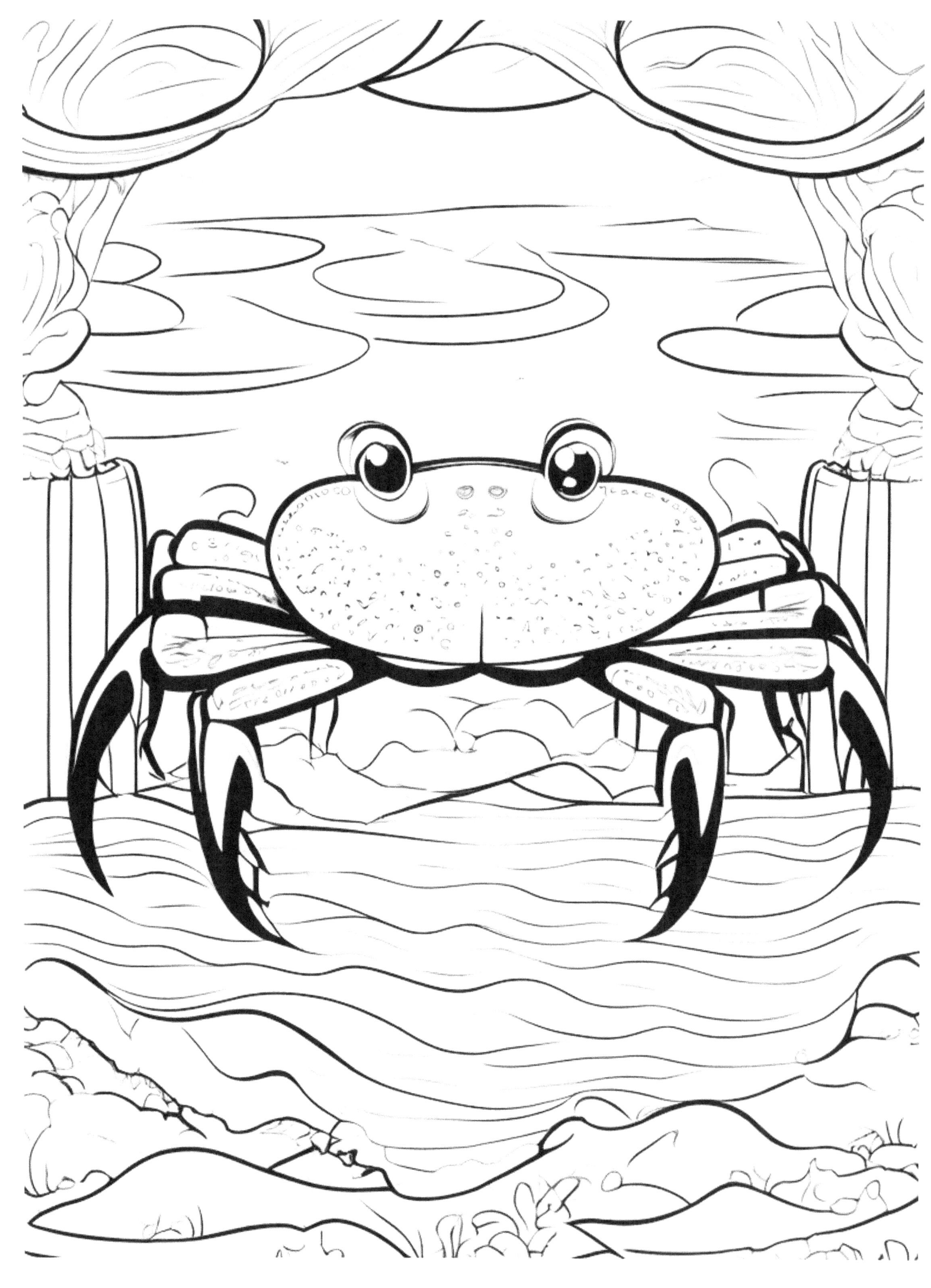

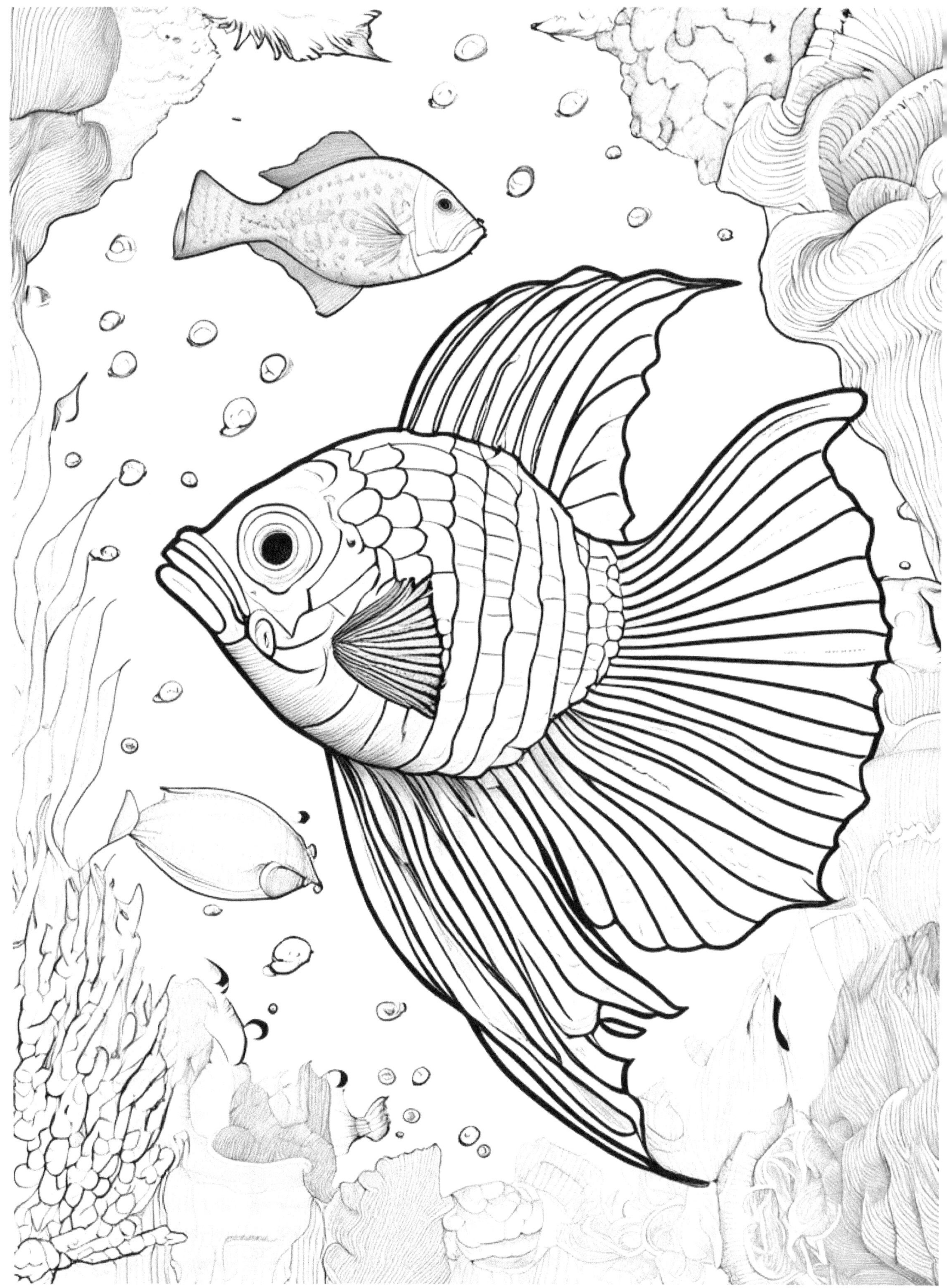

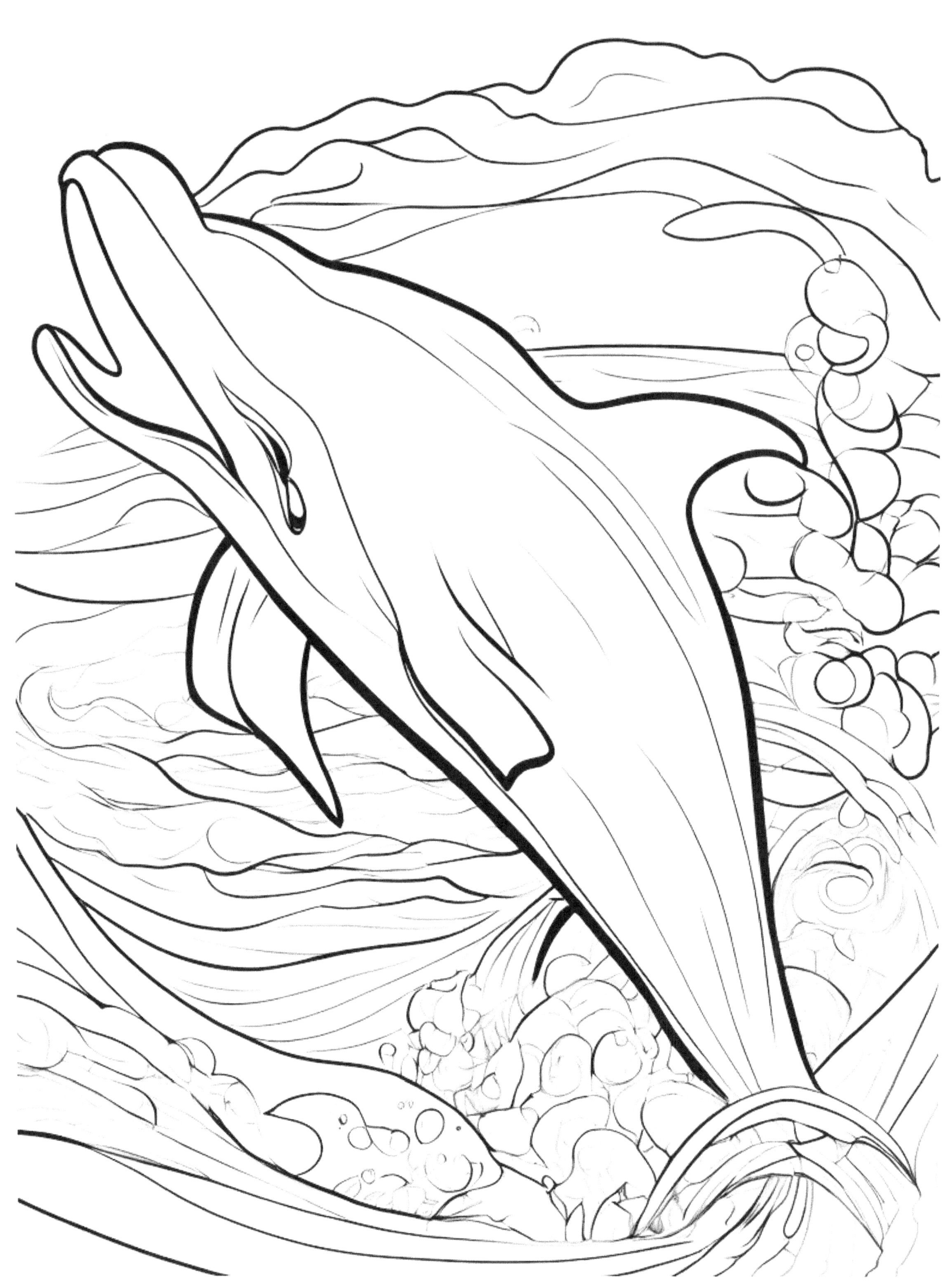

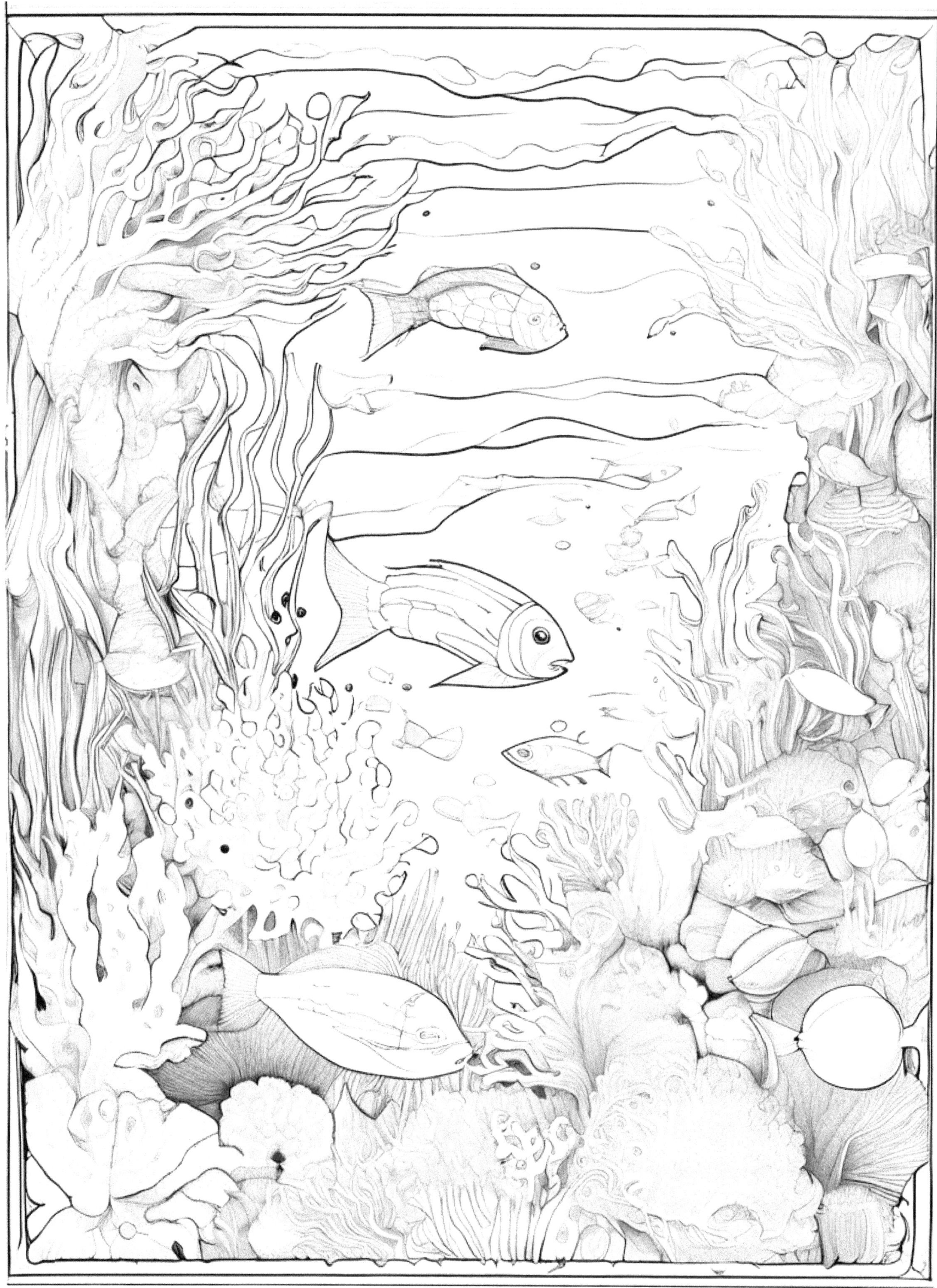

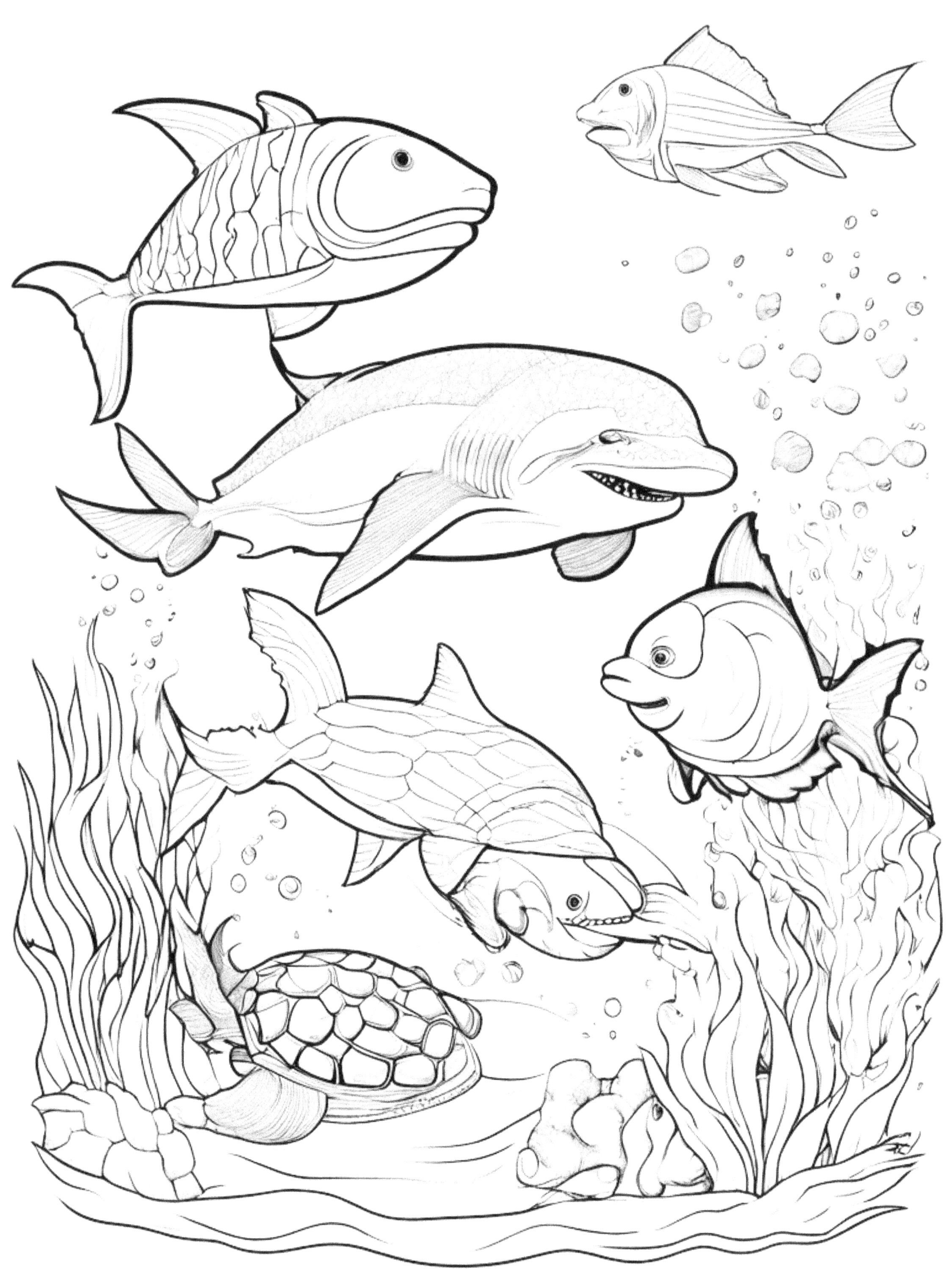

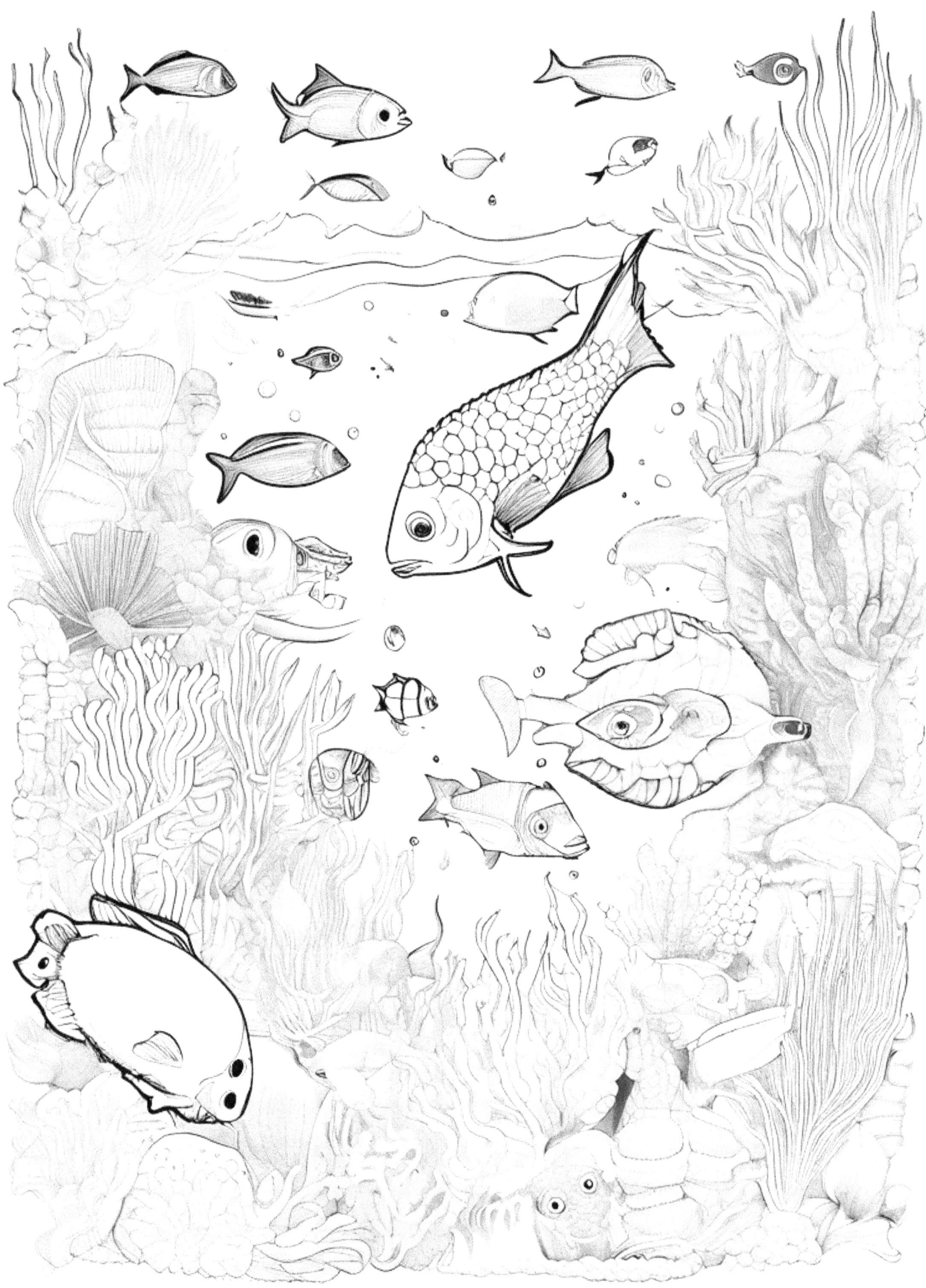

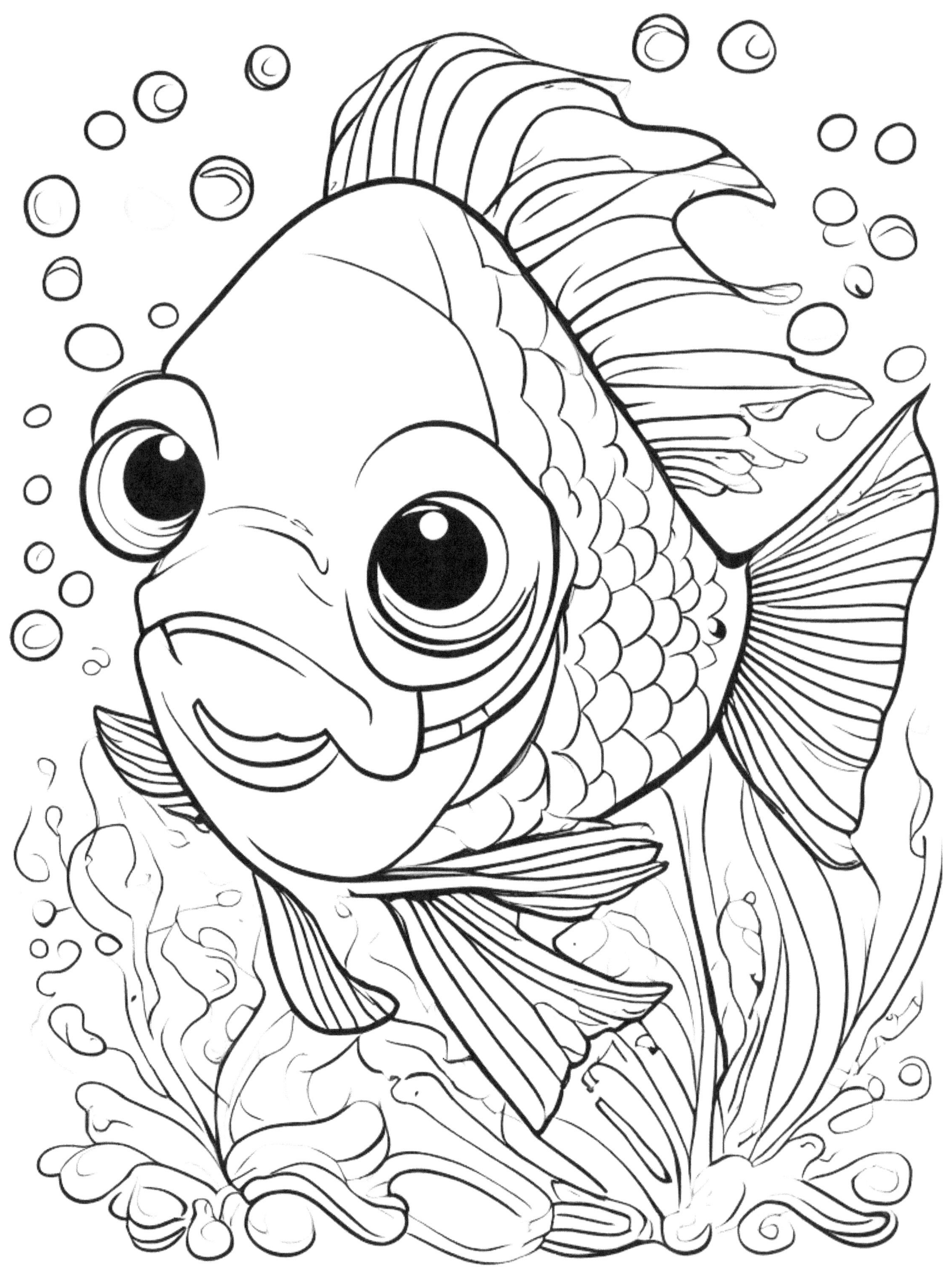

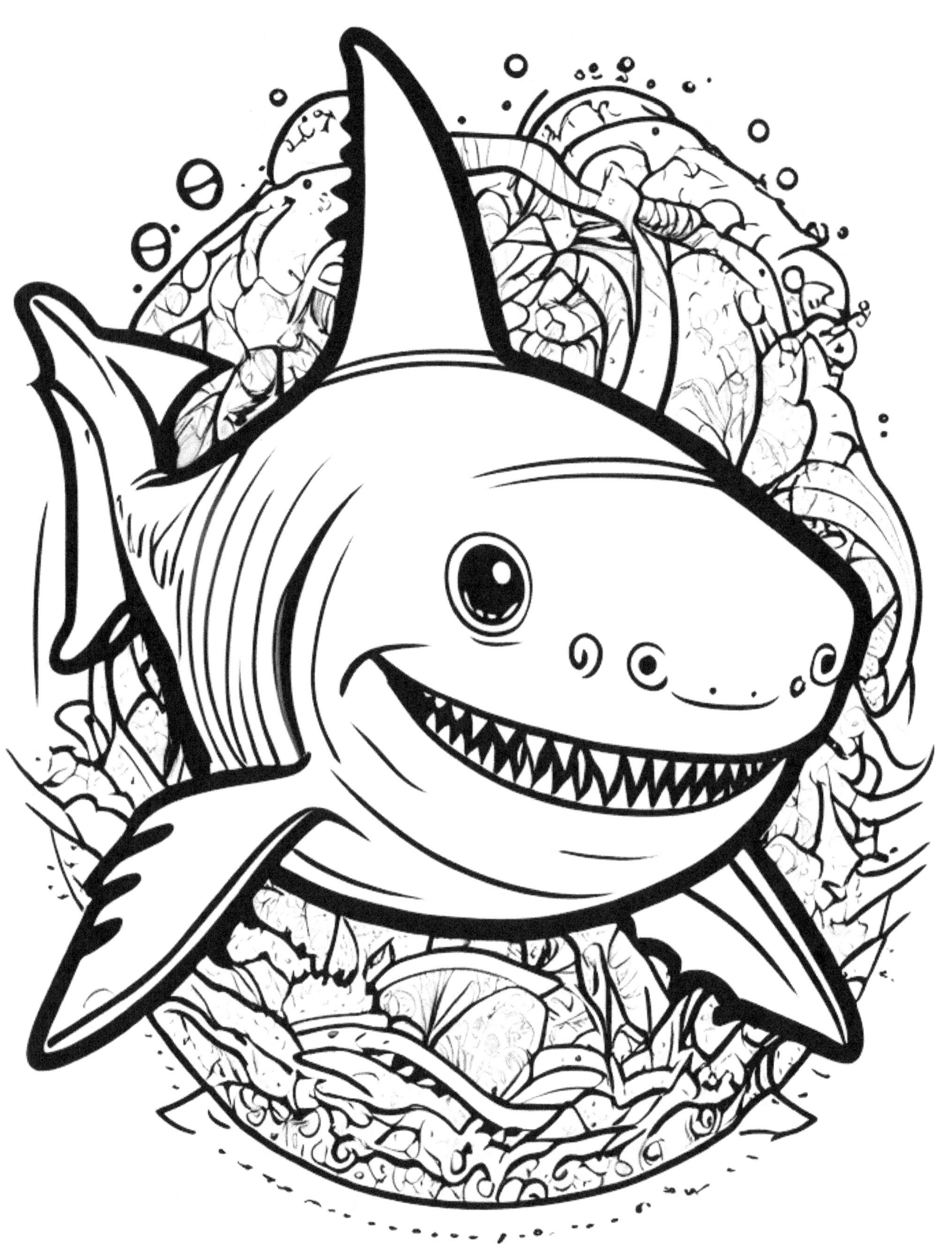

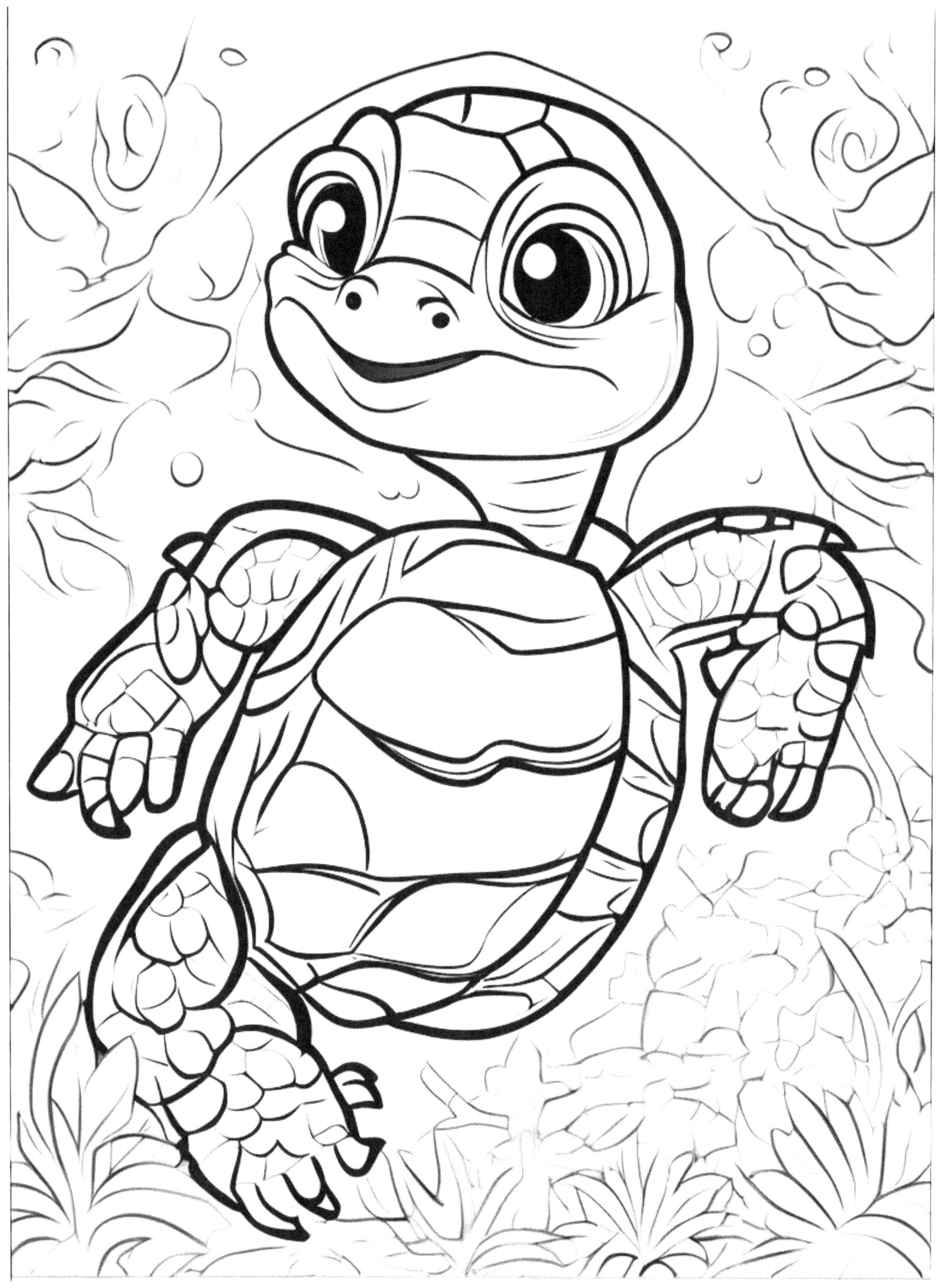

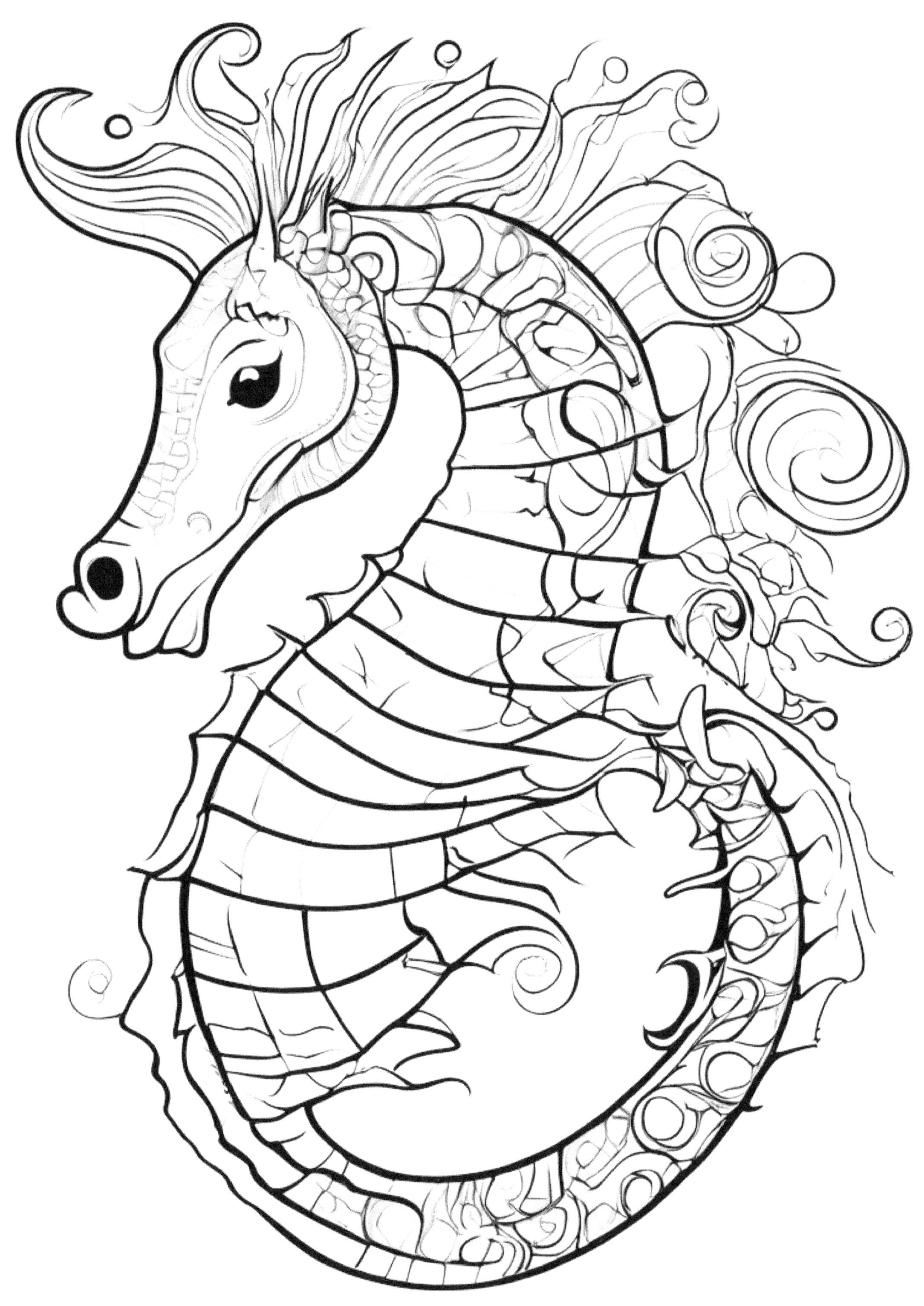

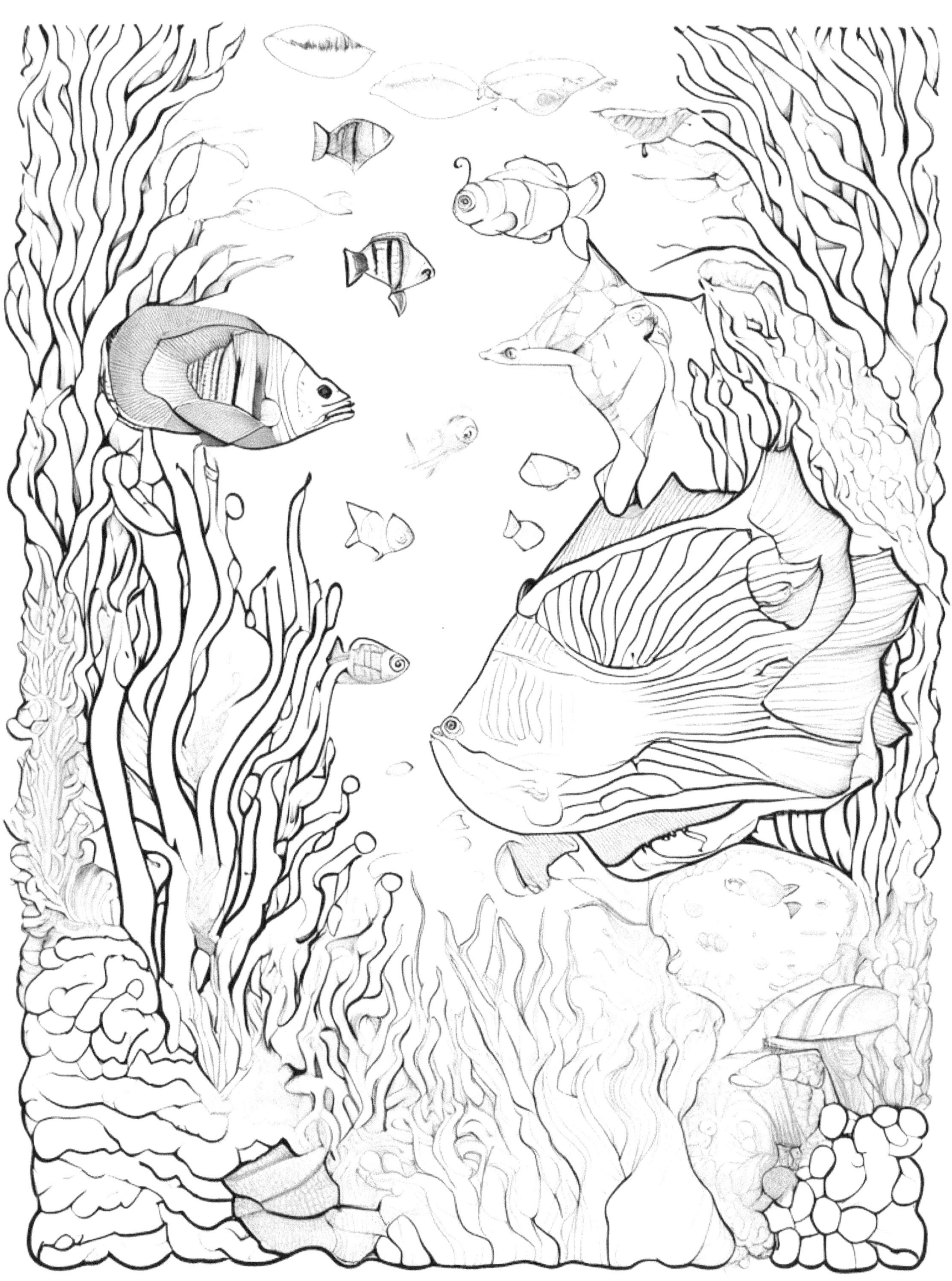

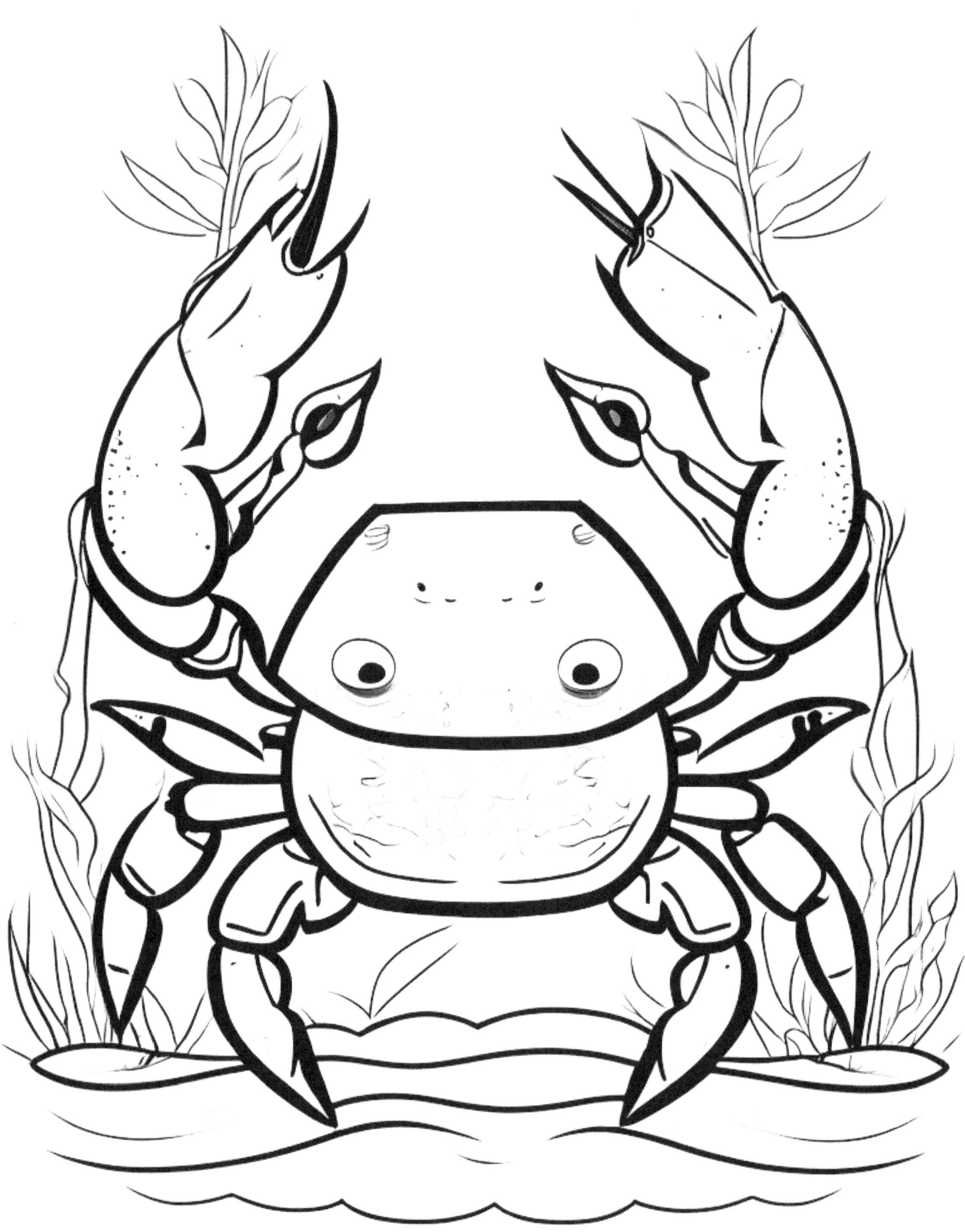

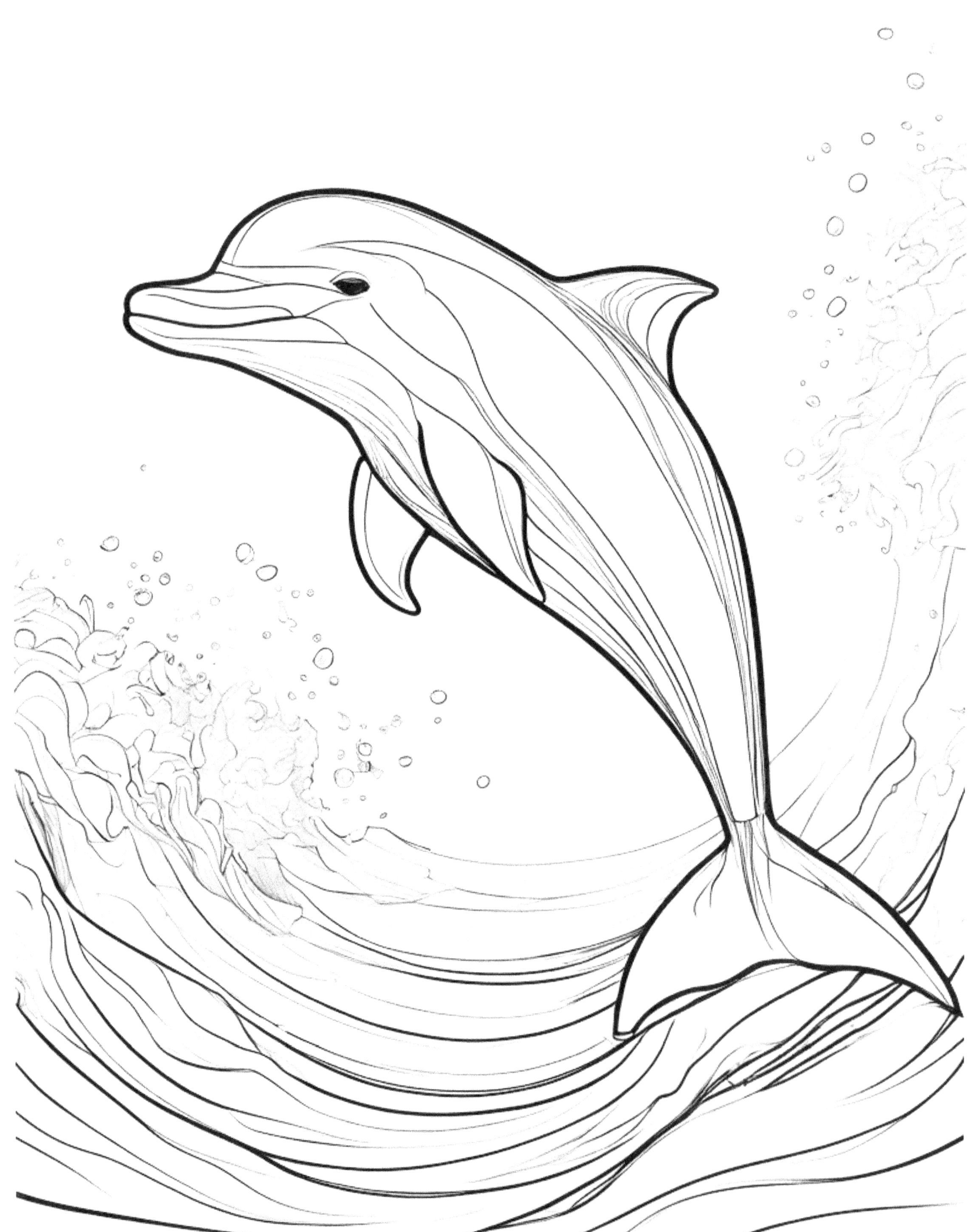

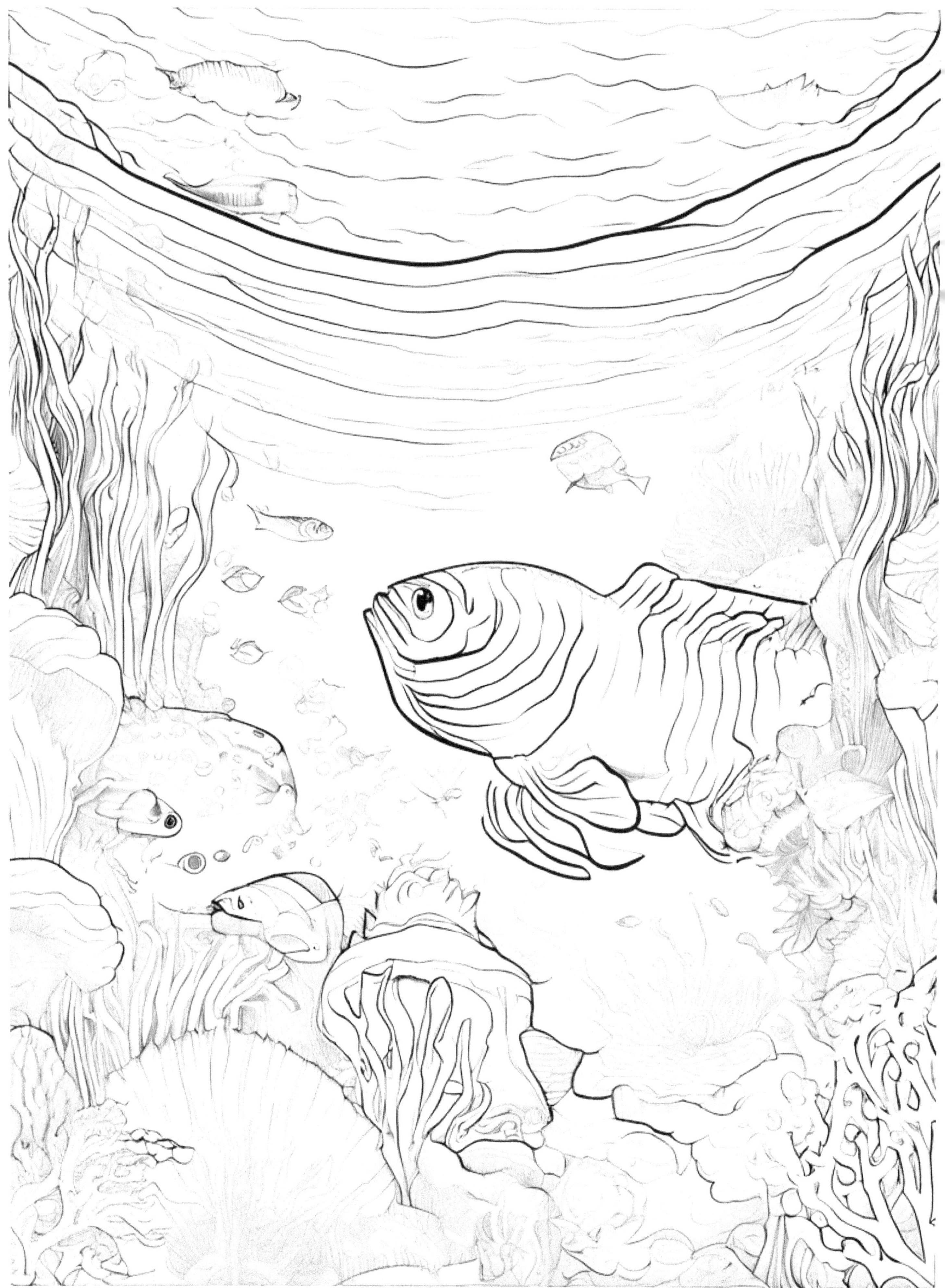

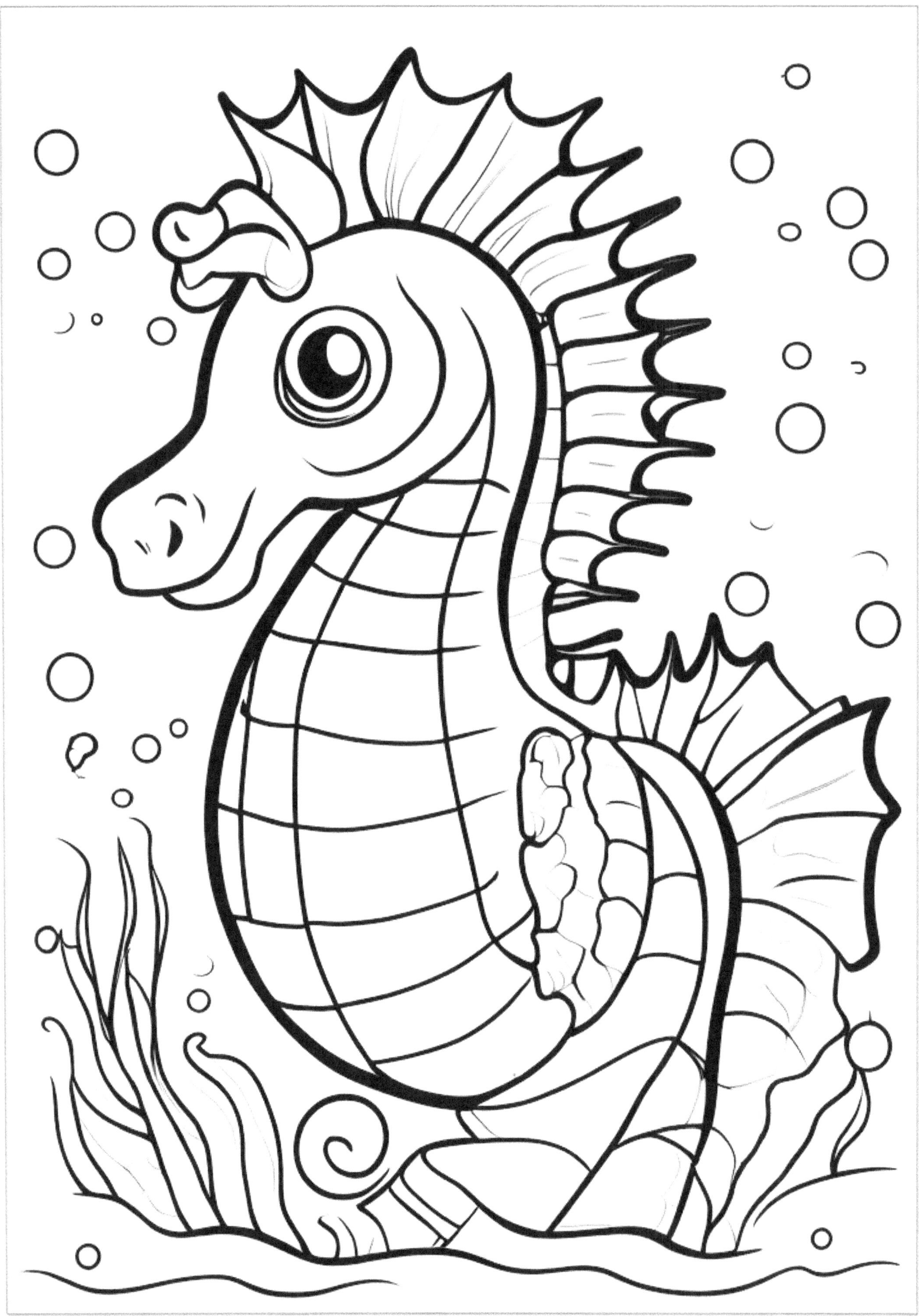

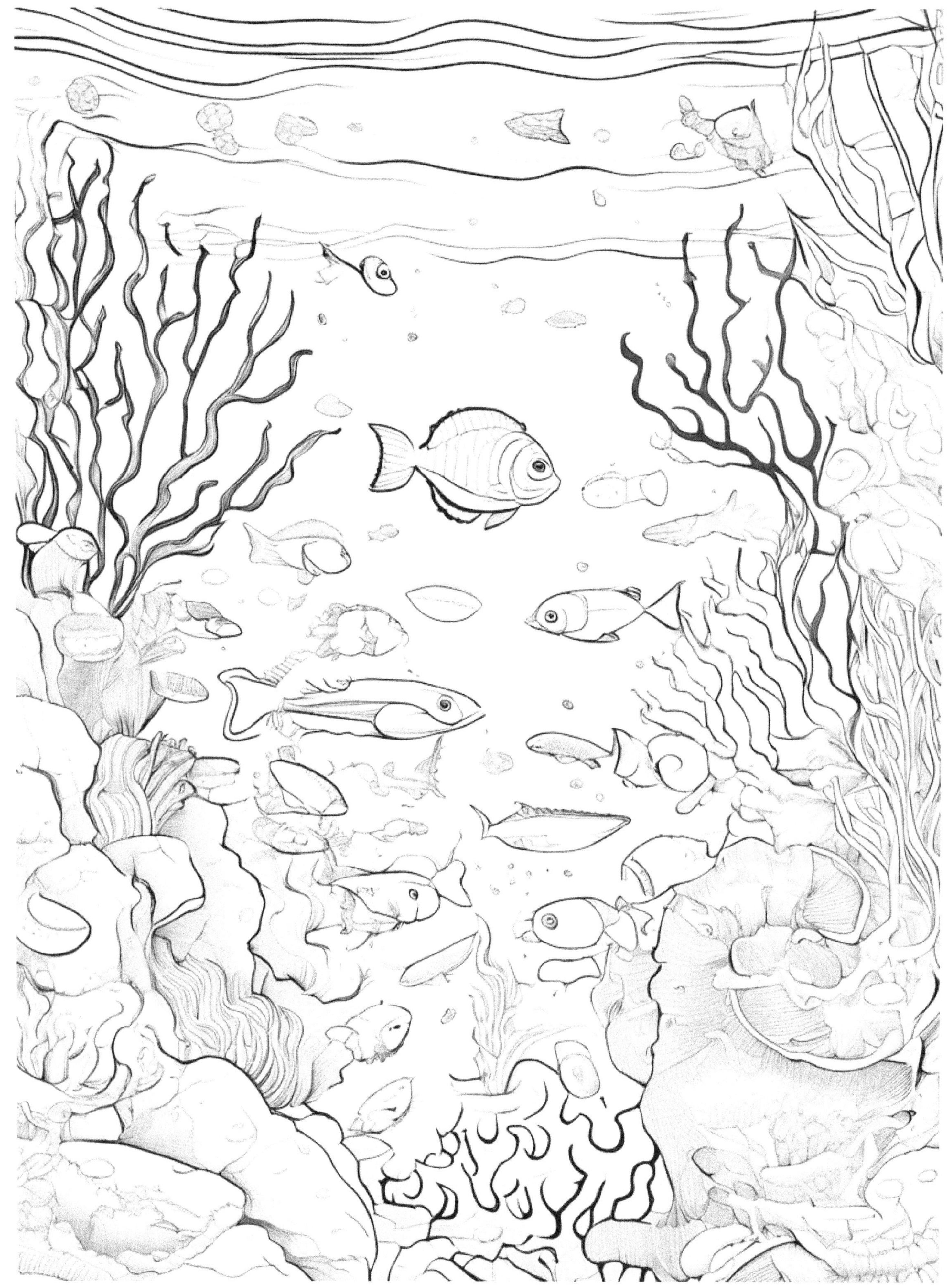

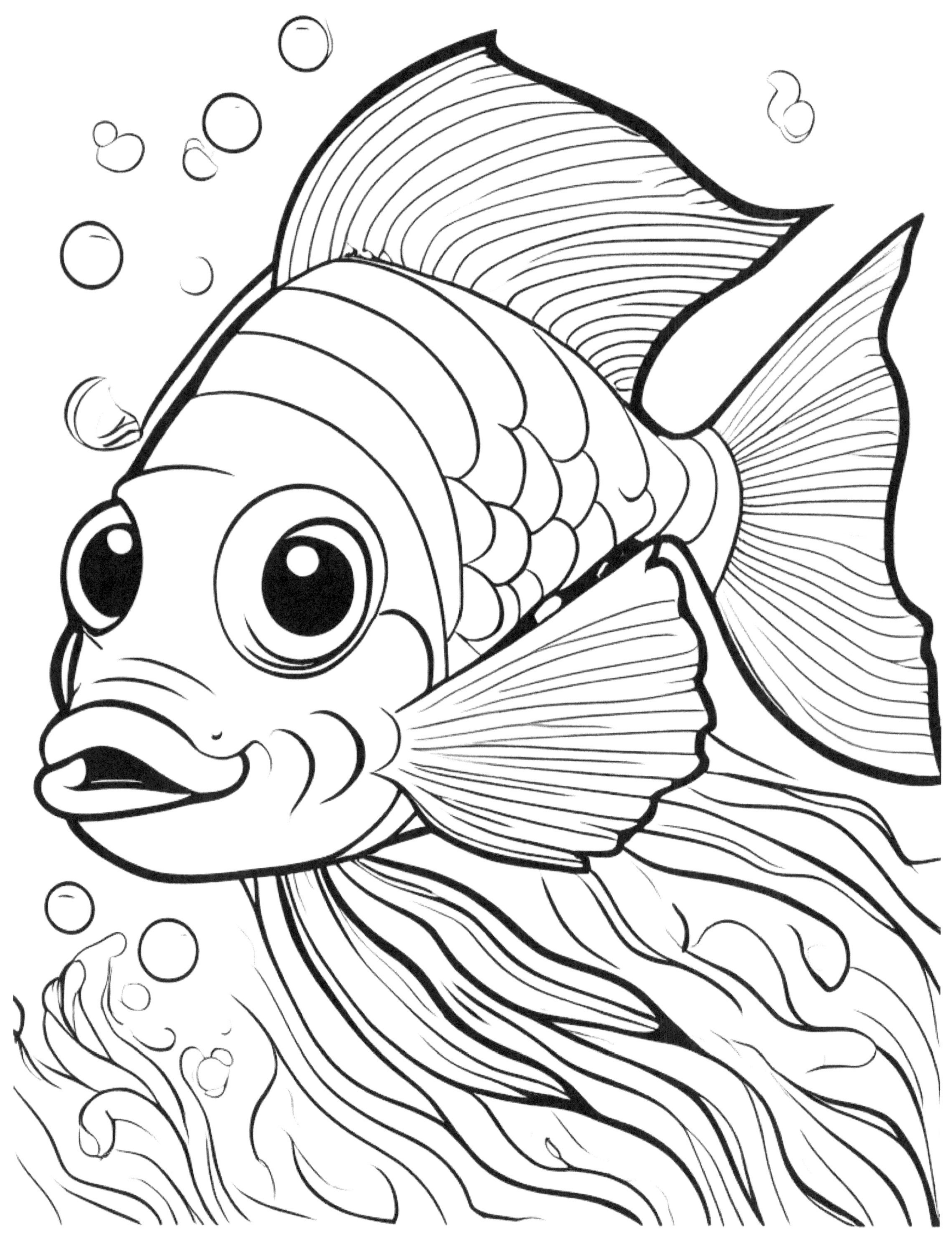

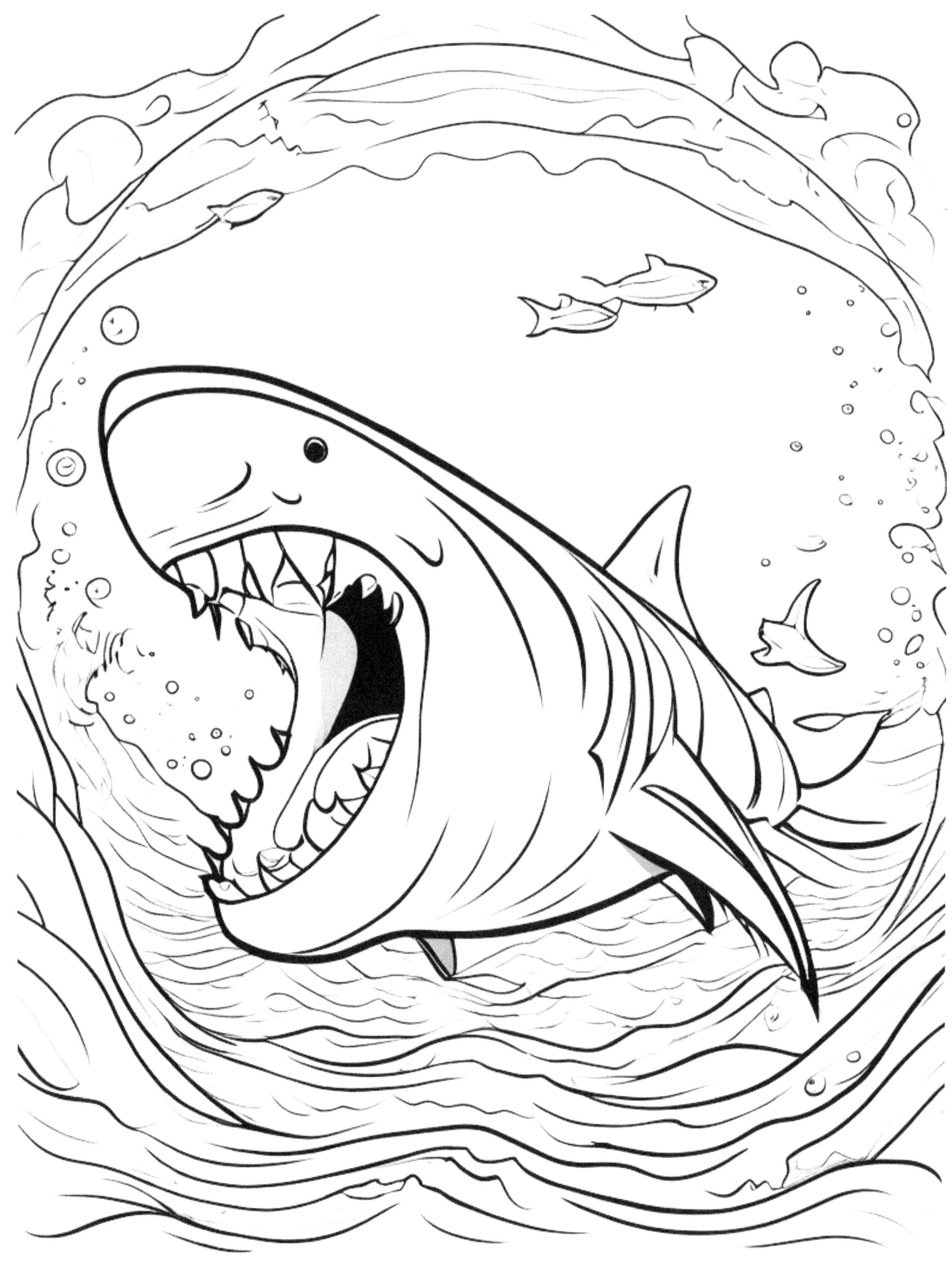

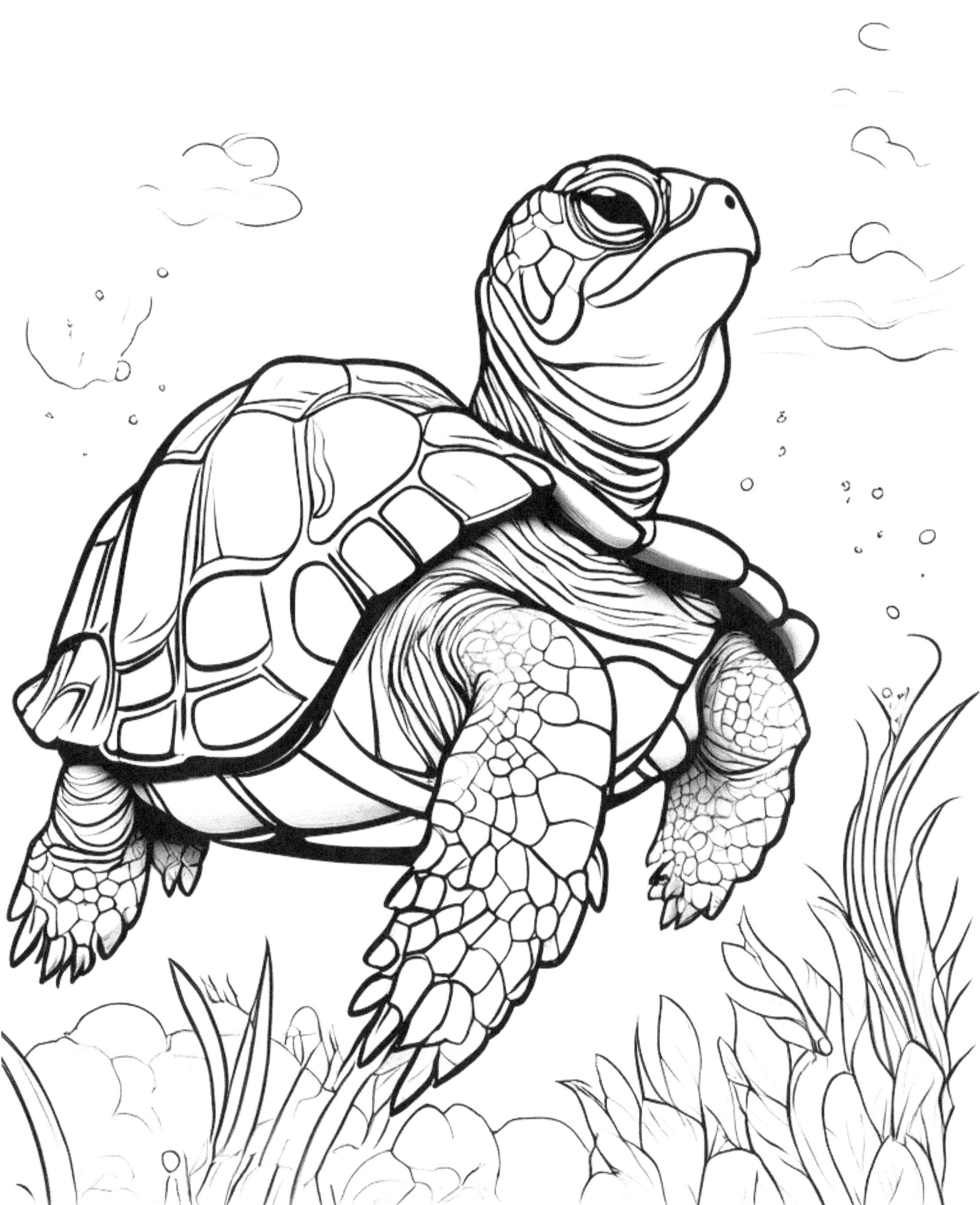

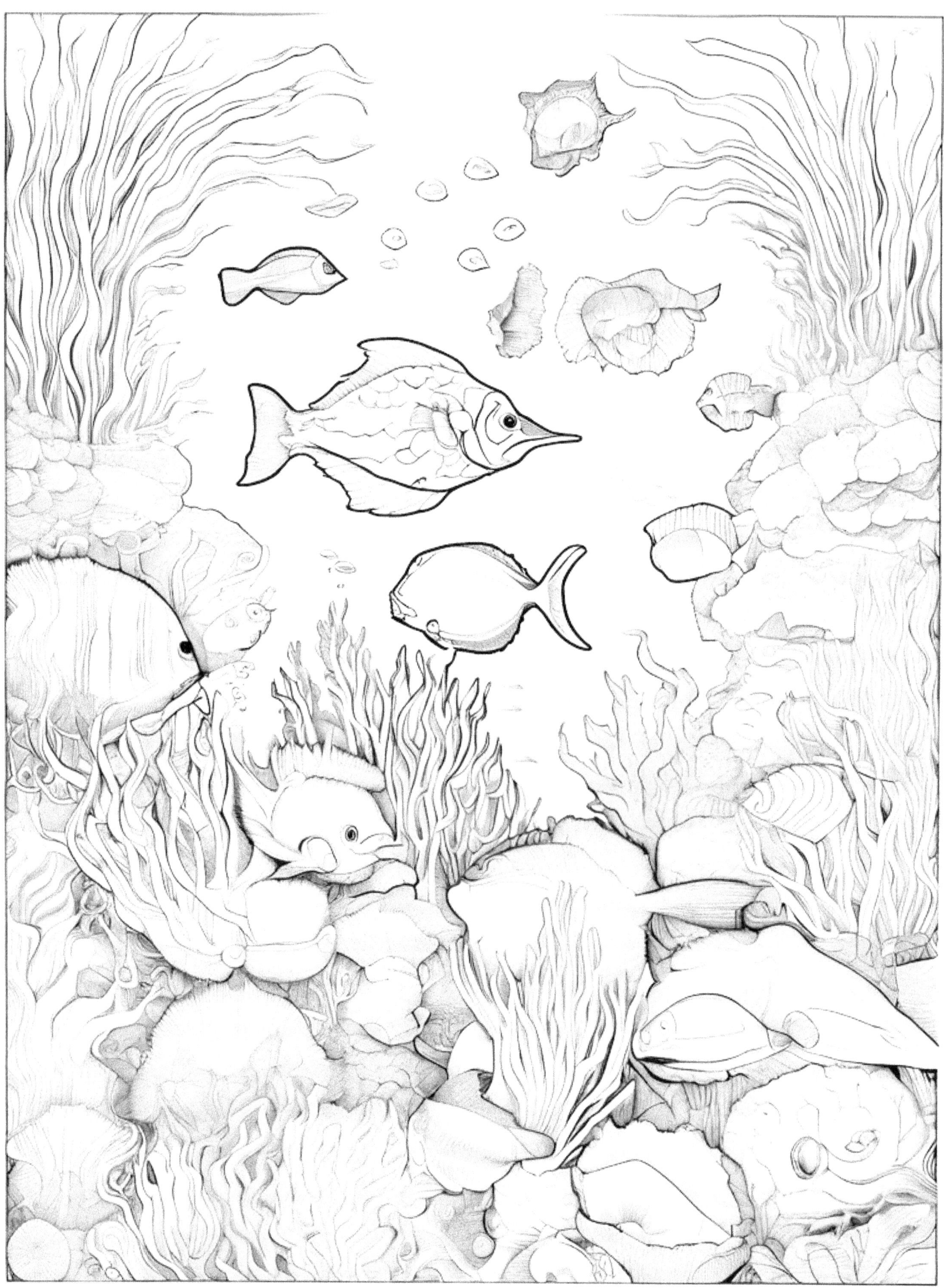

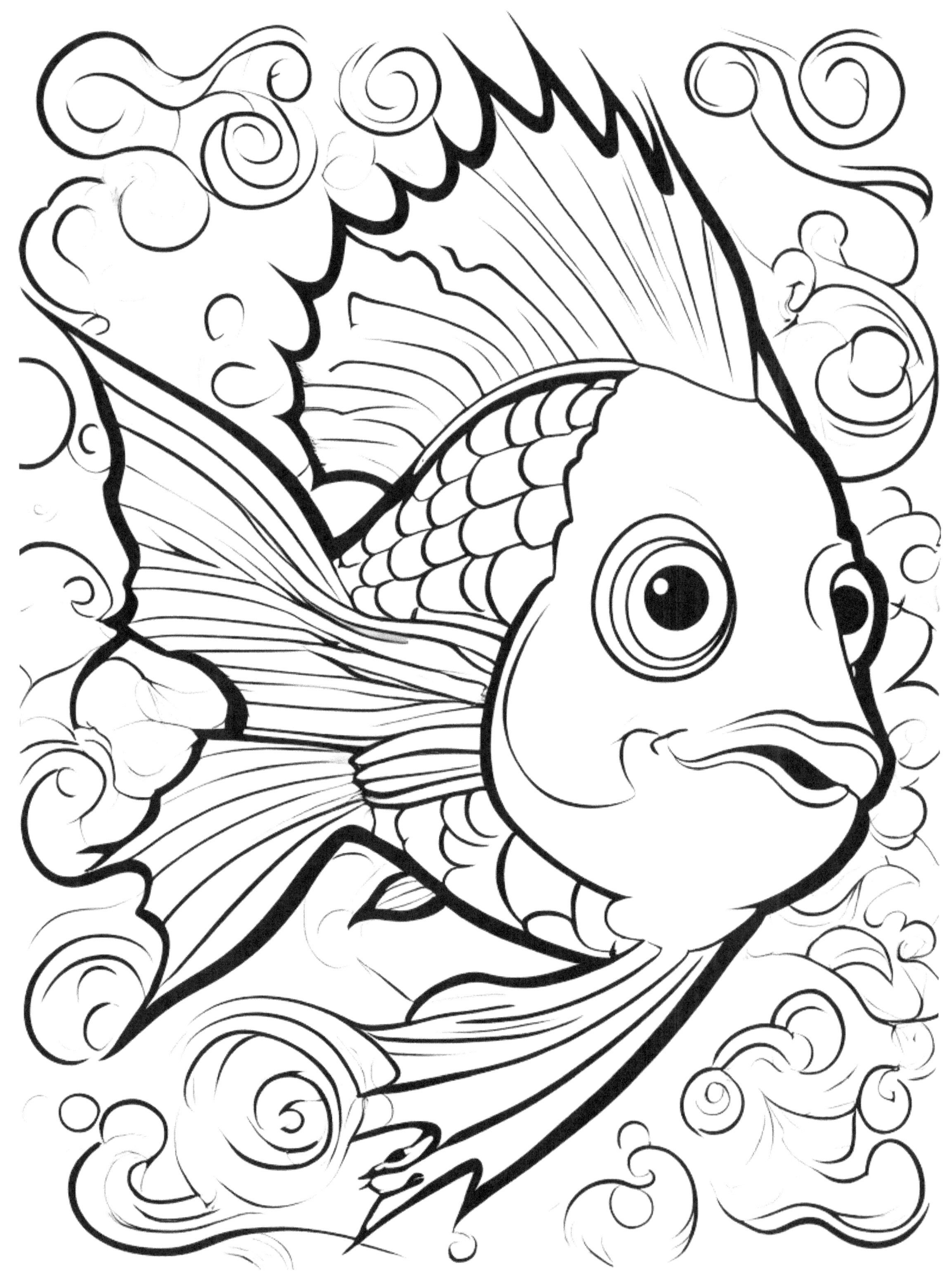

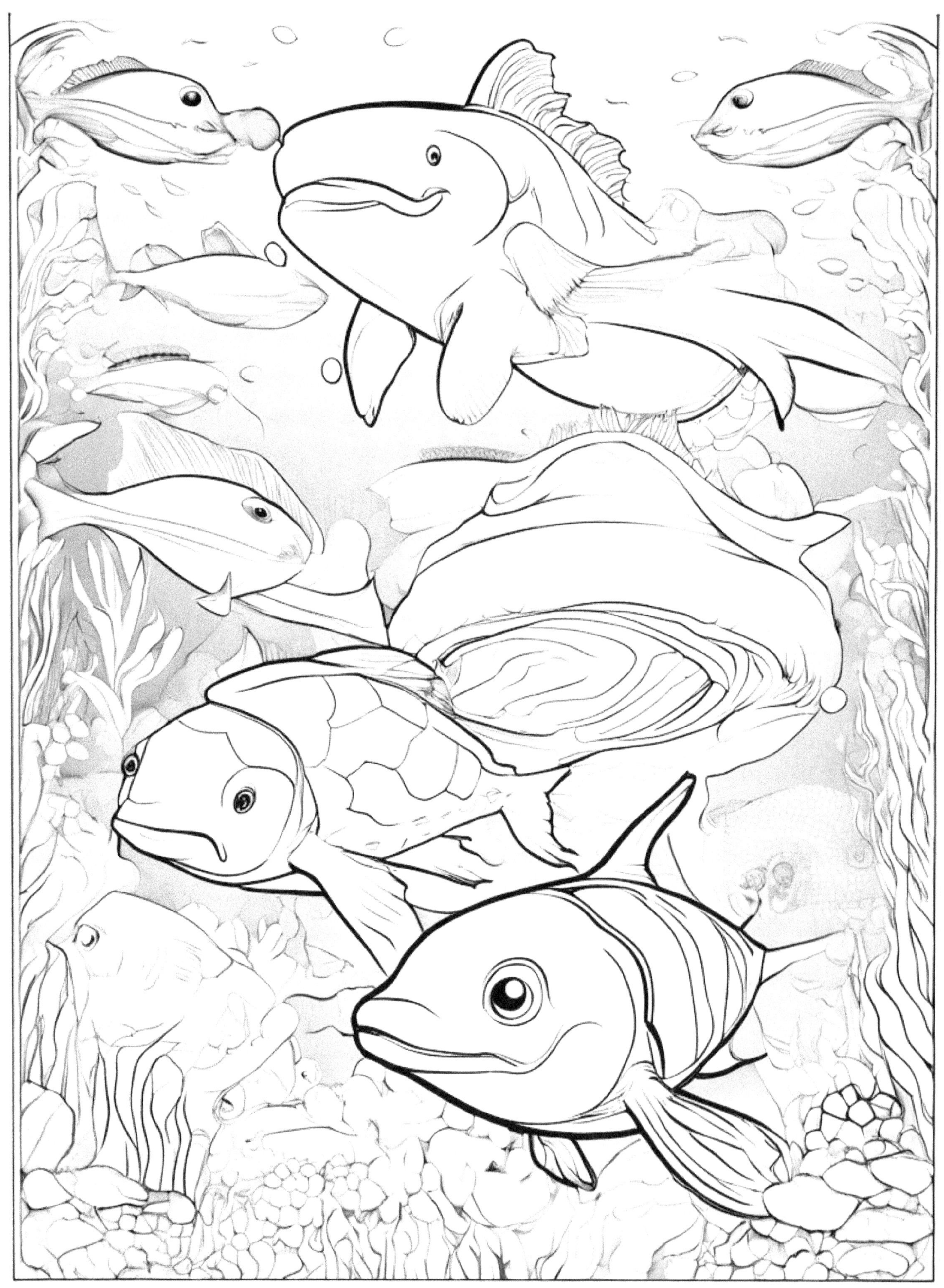

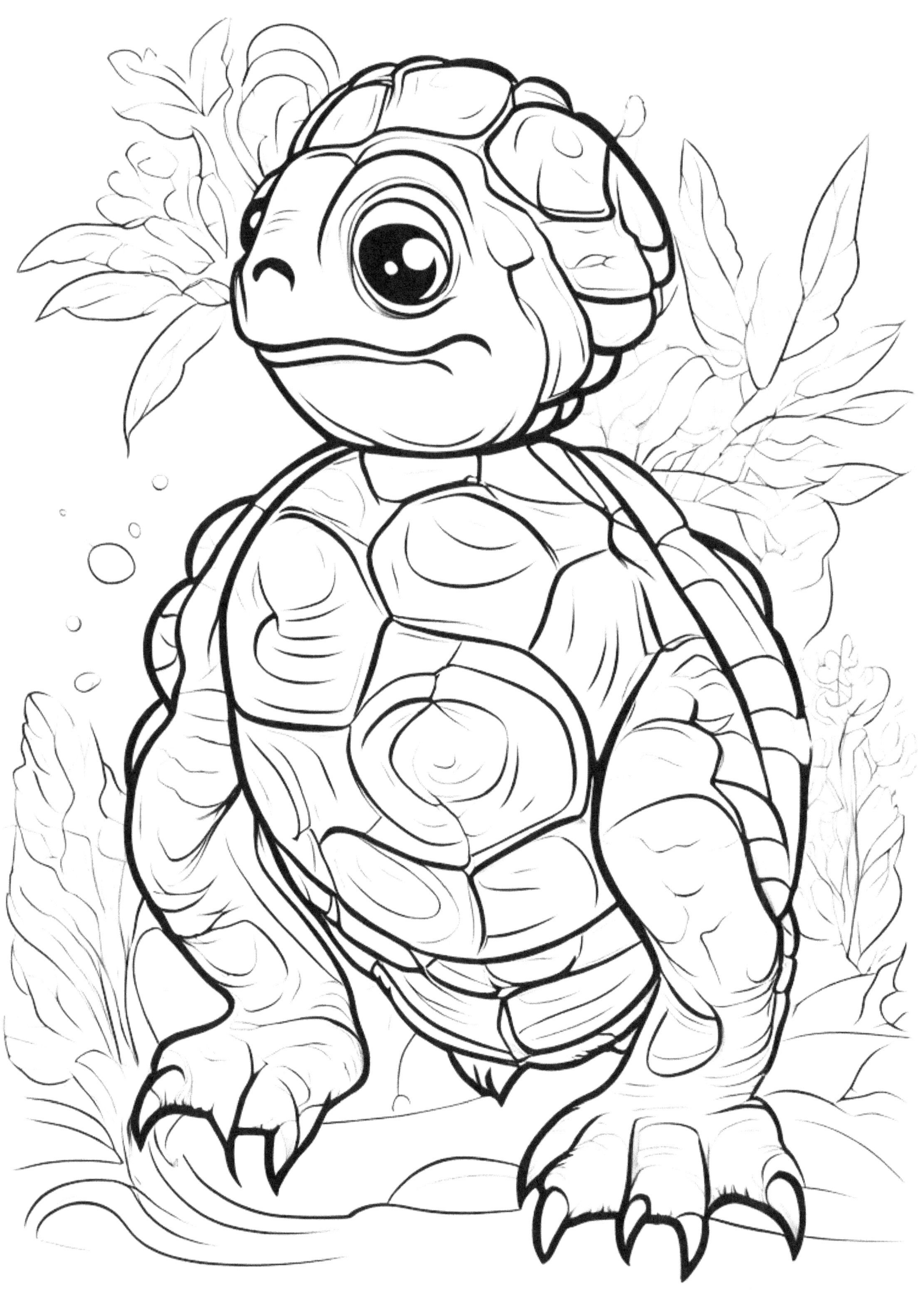

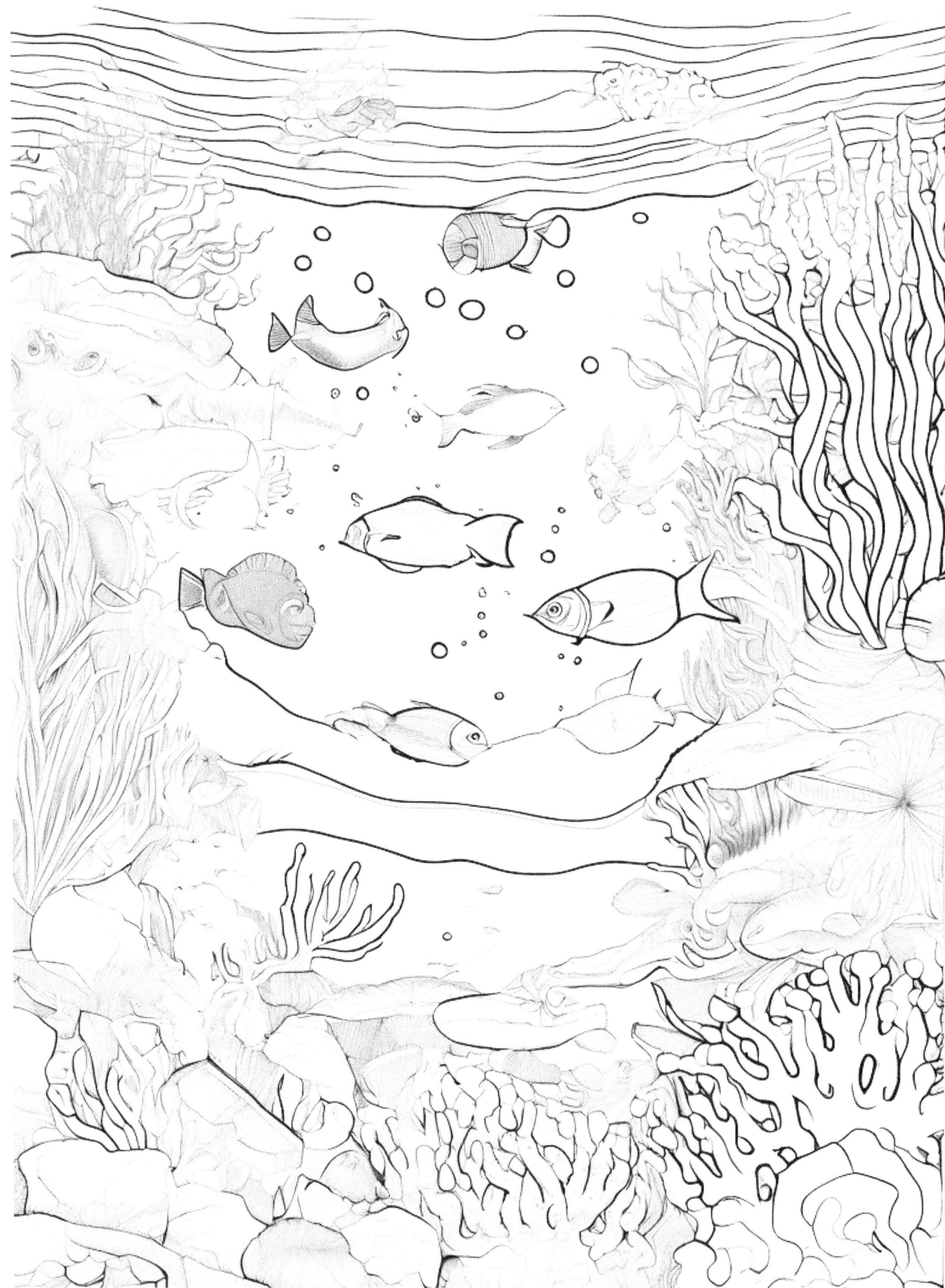

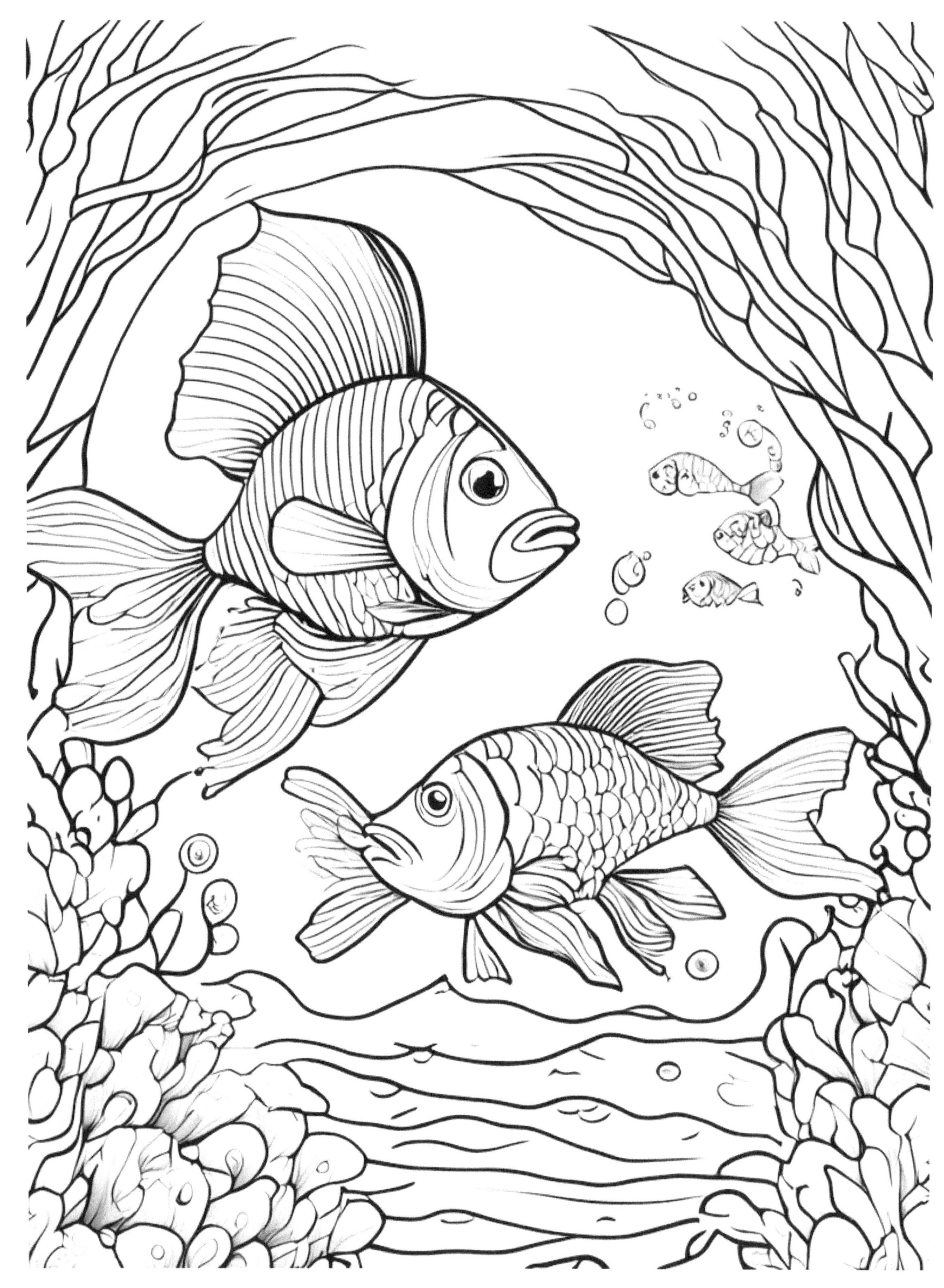

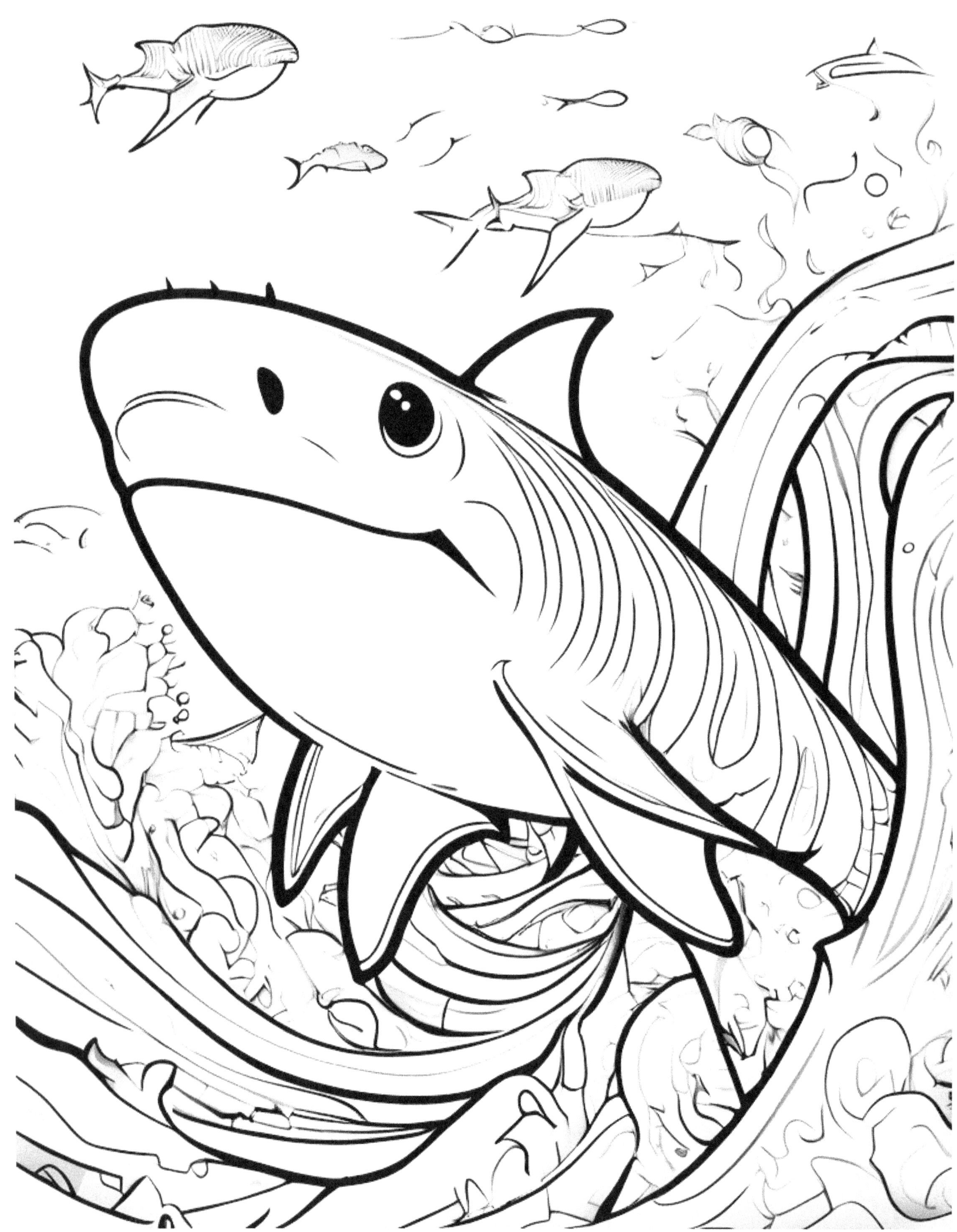

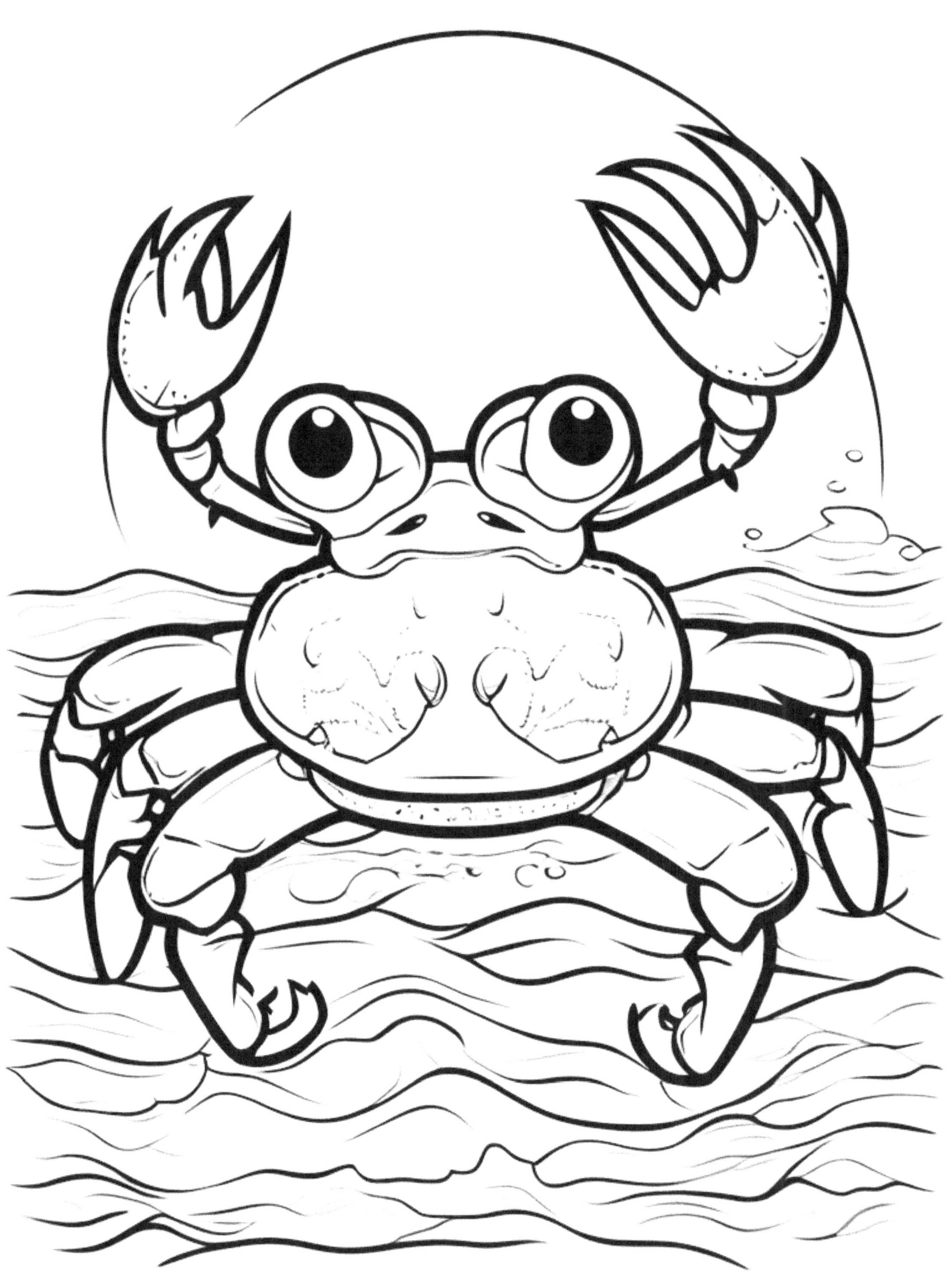

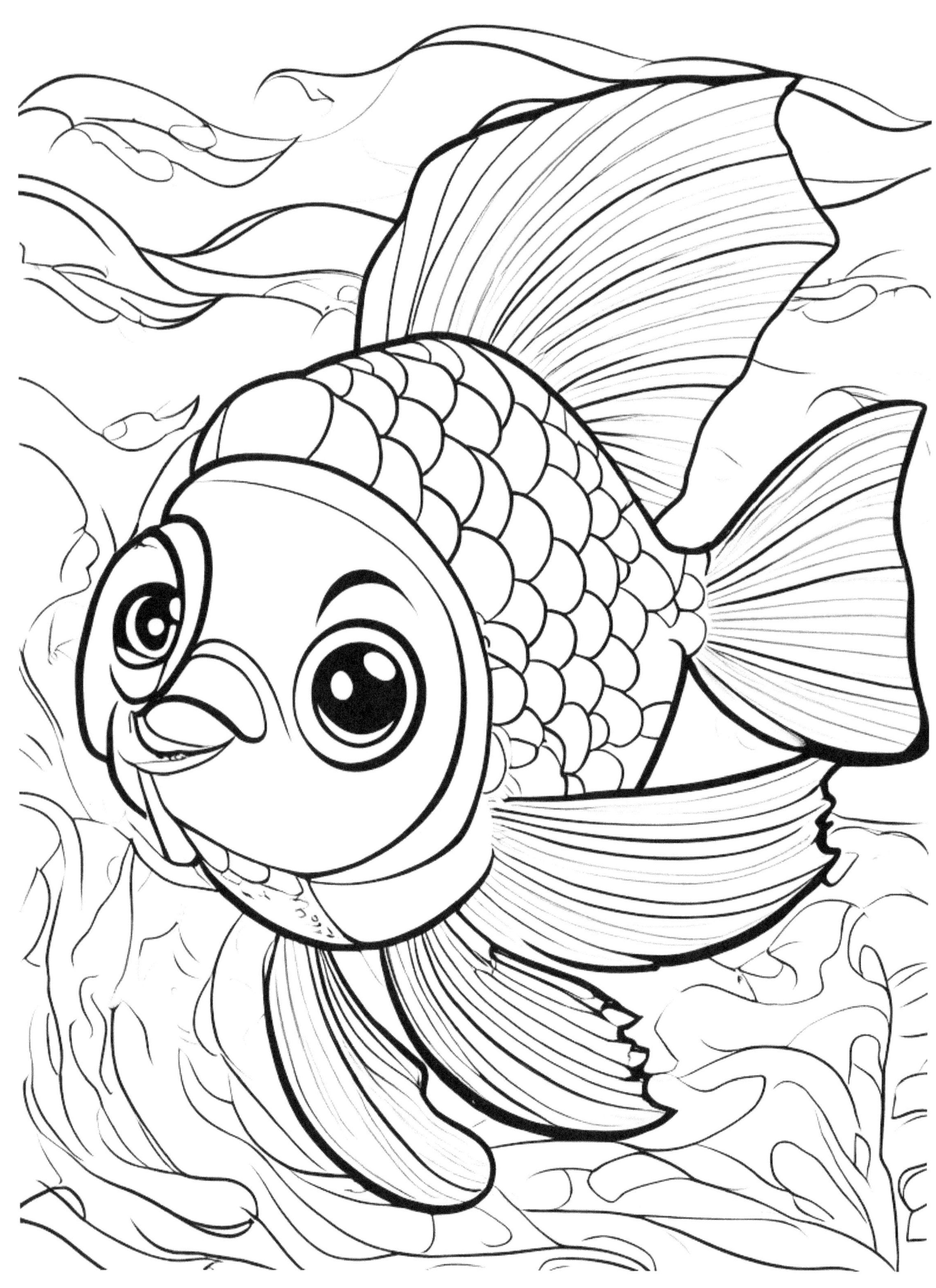

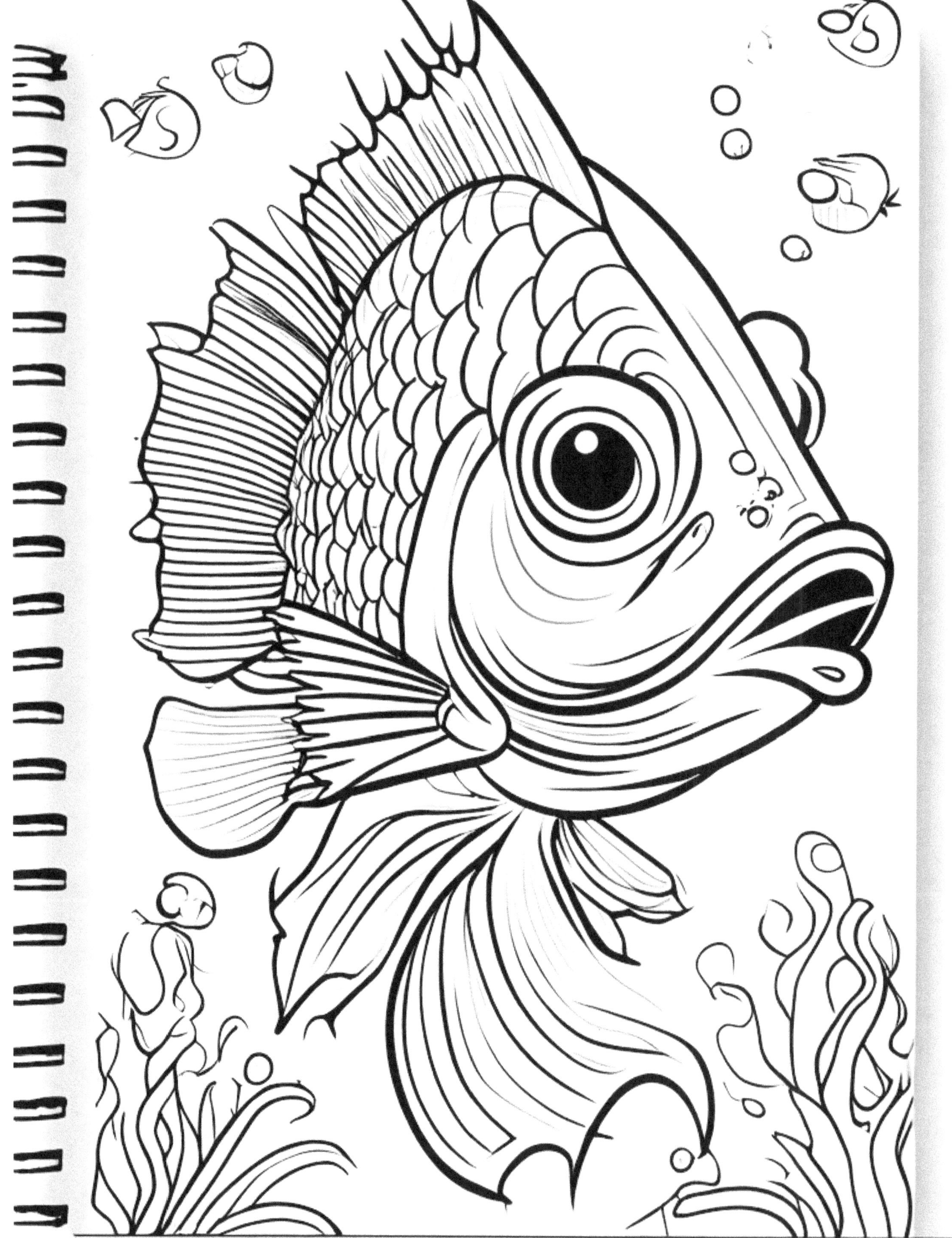

www.ingramcontent.com/pod-product-compliance
Lightning Source LLC
Chambersburg PA
CBHW080231260726
48658CB00008B/3066